Mishima
o La visión del vacío

Seix Barral Los Tres Mundos

Marguerite Yourcenar
Mishima
o La visión del vacío

Traducción del francés:
ENRIQUE SORDO

809.935 92   Yourcenar, Marguerite
YOU   Mishima o La visión del vacío – 1ª ed. –
          Buenos Aires: Seix Barral, 2002.
          144 p.; 23x14 cm. – (Los tres mundos)

          ISBN 950-731-348-6

          I. Título – 1. Estudio Literario 2. Estudio
          Biográfico

Diseño de colección:
Josep Bagà Associats

Título original: *Mishima ou La vision du vide*

© 1981, Éditions Gallimard

Derechos exclusivos de edición en castellano
reservados para todo el mundo
y propiedad de la traducción
© 1985, Editorial Seix Barral, S. A.
Córcega, 270 - 08008 Barcelona

ISBN 84-322-0530-3

1ª reimpresión argentina: 3.000 ejemplares

© 2002, Grupo Editorial Planeta Argentina S.A.I.C. / Seix Barral
Independencia 1668, C 1100 ABQ, Buenos Aires

ISBN 950-731-348-6

Impreso en Industria Gráfica Argentina,
Gral. Fructuoso Rivera 1066, Capital Federal,
en el mes de julio de 2002.

Hecho el depósito que indica la ley 11.723
Impreso en la Argentina

La Energía es la delicia eterna.

WILLIAM BLAKE
La boda del cielo y del infierno

Si la sal pierde su sabor, ¿cómo devolvérselo?
Evangelio según San Mateo
CAP. V, 13

Morid con el pensamiento cada mañana,
y ya no temeréis morir.

HAGAKURE,
tratado japonés del siglo XVIII

Siempre es difícil juzgar a un escritor contemporáneo: carecemos de perspectiva. Y aún es
más difícil juzgarlo si pertenece a su civilización
que no es la nuestra y con lo cual entran en juego
el atractivo del exotismo y la desconfianza ante el
exotismo. Esas posibilidades de equívoco aumen-
tan cuando, como ocurre con Yukio Mishima, el
escritor ha absorbido ávidamente los elementos
de su propia cultura y los de Occidente; y, en consecuencia, lo que para nosotros es normal y lo que
para nosotros es extraño se mezclan en cada obra
en unas proporciones diferentes y con unos efectos y unos aciertos muy diversos. No obstante, es
esa mezcla lo que hace de él, en muchas de sus
obras, un auténtico representante de un Japón
también violentamente occidentalizado, pero mar-
cado a pesar de todo por algunas características
inmutables. En el caso de Mishima, la forma en
que las partículas tradicionalmente japonesas han

ascendido a la superficie y han estallado con su muerte, lo convierte, en cambio, en el testigo y, en el sentido etimológico del término, en el mártir del Japón heroico al que él había llegado, por así decirlo, a contracorriente. Pero la dificultad aún crece más —sean cuales fuesen el país y la civilización de que se trate— cuando la vida del escritor ha sido tan variada, rica, impetuosa y a veces tan sabiamente calculada como su obra, que tanto en la una como en la otra advertimos los mismos fallos, las mismas marrullerías y las mismas taras, pero también las mismas virtudes y, finalmente, la misma grandeza. Inevitablemente se establece un equilibrio inestable entre el interés que sentimos por el hombre y el que sentimos por su obra. Ya se acabó el tiempo en que se podía saborear *Hamlet* sin preocuparse mucho de Shakespeare: la burda curiosidad por la anécdota biográfica es un rasgo de nuestra época, decuplicado por los métodos de una prensa y de unos *media* que se dirigen a un público que cada vez sabe leer menos. Todos tendemos a tener en cuenta, no solamente al escritor, que, por definición, se expresa en sus libros, sino también al individuo, siempre forzosamente difuso, contradictorio y cambiante, oculto aquí y visible allá, y, finalmente —quizá sobre todo— al *personaje,* esa sombra o ese reflejo que el propio individuo (y éste es el caso de Mishima) contribuye a proyectar a veces, por defensa o por bravata, pero más allá o más acá de los cuales el hombre real ha vivido y ha muerto en ese secreto impenetrable que es el de cualquier vida.

Hay ahí muchas posibilidades de errores de interpretación. Hagamos caso omiso de ellas, pero recordemos siempre que la realidad central hay que buscarla en la obra: en ella es donde el escritor ha preferido escribir, o se ha visto forzado a escribir, lo que al fin y al cabo importa. Y, sin duda alguna, la muerte tan premeditada de Mishima es una de sus obras. Sin embargo, una película como *Patriotismo,* un relato como la descripción del suicidio de Isao en *Caballos desbocados,* proyectan su luz sobre el final del escritor y lo explican en parte, mientras que la muerte del autor a lo sumo autentifica las obras sin explicarlas.

Es indudable que algunas anécdotas de infancia y de juventud, al parecer reveladoras, merecen ser retenidas en un breve sumario de esta vida, pero esos episodios traumatizantes nos llegan en su mayor parte a través de *Confesiones de una máscara* y se encuentran también, diseminadas con formas diferentes, en unas obras novelescas más tardías, elevadas al rango de obsesiones o de puntos de partida de una obsesión inversa, definitivamente instaladas en ese poderoso plexo que rige todas nuestras emociones y todos nuestros actos. Interesa ver cómo esos fantasmas crecen y decrecen en la mente de un hombre igual que las fases de la luna en el cielo. Y es indudable que algunos relatos contemporáneos más o menos anecdóticos, algunos juicios emitidos en vivo, como una instantánea imprevista, sirven a veces para completar, para verificar o contradecir el autorretrato que el propio Mishima ha hecho de esos incidentes o de esos momentos-choque. Sólo a través del escritor podemos oír sus vibraciones profundas, como cada uno de nosotros oye desde dentro su voz y el rumor de su sangre.

Lo más extraño es que muchas de esas crisis emocionales del niño o del adolescente Mishima nacen de una imagen sacada de un libro o de una película occidental a los que el joven japonés, nacido en Tokyo en 1925, se abandonó. El muchachito que se deshace de una bella ilustración de su libro de estampas porque su criada le explica que se trata, no de un caballero, como él cree, sino de una mujer llamada Juana de Arco, experimenta el hecho como engaño que le ofende en su masculinidad pueril: lo interesante para nosotros es que fuese Juana la que le inspiró esa reacción, y no una de las numerosas heroínas del *Kabuki* disfrazada de hombre. En la famosa escena de eyaculación ante una fotografía del San Sebastián de Guido Reni, el excitante hallado en la pintura barroca italiana se comprende tanto mejor cuanto que el arte japonés, incluso en sus estampas eróticas, nunca conoció como el nuestro la glorificación del desnudo. Aquel cuerpo musculoso, pero en el límite de sus fuerzas, postrado en el abandono casi voluptuoso de la agonía, no lo habría dado ninguna imagen de un samurai entregado a la muerte: los héroes del Japón antiguo aman y mueren con su caparazón de seda y de acero.

Otros recuerdos-choque son, por el contrario, exclusivamente japoneses. Mishima no olvida el del bello "cosechador del suelo nocturno", eufemismo poético que quiere decir vendimiador, figura joven y robusta que desciende por la colina con el resplandor del sol poniente. "Esta imagen es la primera que me atormentará y la que me ha aterrado toda la vida." Y el autor de *Confesiones de una máscara* probablemente no se equivoca al unir el eufemismo mal explicado al niño con la noción de no sabemos qué Tierra a la vez peligrosa y divinizada.[1] Pero cualquier niño europeo podría enamorarse de la misma manera de un sólido jardinero cuya actividad totalmente física y cuyas ropas, que permiten adivinar las formas del cuerpo, lo alejan de una familia demasiado correcta y demasiado estirada. Tiene un sentido análogo, pero turbador como la embestida que describe, la escena del hundimiento de las verjas del jardín, un día de procesión, por los jóvenes por-

---

[1] Advirtamos que, en inglés americano, la palabra *dirt* (suciedad) es también la palabra usual que designa la tierra vegetal, el humus, es decir, la tierra en el sentido que le da un jardinero. *Put a little more dirt in this flower pot*: "Poned un poco más de tierra en ese tiesto de flores".

tadores de palanquines cargados de divinidades shinto, bamboleadas de un lado a otro de la calle sobre aquellos hombros vigorosos; el niño, confinado en el orden o en el desorden familiar, siente por primera vez, atemorizado y aturdido, pasar sobre él el gran viento del exterior; todo lo que allí se sugiere continuará contando para él: la juventud y la fuerza humanas, las tradiciones percibidas hasta entonces como una rutina y que bruscamente adquieren vida; las divinidades que reaparecerán después con la forma del "Dios Salvaje" que se encarna en el Isao de *Caballos desbocados* y, más tarde, en *El ángel podrido*,[2] hasta que la visión del gran vacío búdico lo borra todo.

Ya en su novela de principiante, *La sed de amar,* cuya protagonista es una joven medio loca de frustración sensual, la enamorada se arroja durante una procesión orgiástica y rústica sobre el torso desnudo de un joven jardinero y halla en ese contacto un momento de violenta felicidad. En *Caballos desbocados* ese recuerdo reaparece tam-

---

[2] El título inglés es *The Decay of the Angel*; el diccionario define *decay* como *declinación, decadencia*, acepciones demasiado débiles para una palabra que también significa *podredumbre*. Un amigo anglosajón muy ilustrado me sugiere *El ángel podrido* (en el presente del verbo: *pudriéndose*), equivalencia audaz, pero que se ajusta exactamente al sentido del libro. El título de la traducción que va a aparecer en Francia se denominará *El ángel en descomposición*, que, por lo demás, también es bueno.

bién, con mayor evidencia, aunque decantado, casi fantasmal, como esos crocos de otoño cuyas flores brotan abundantemente en primavera y reaparecen luego, inesperadas, menudas y perfectas, al final del otoño, en forma de muchachos que sacan y extienden con Isao unas carretadas de lirios sagrados en el recinto de un santuario, y que Honda, el mirón-vidente,[3] contempla, como el propio Mishima, a través de una perspectiva de más de veinte años.

En ese tiempo, el autor había experimentado una vez en persona ese delirio de esfuerzo físico, de fatiga, de sudor, de enmarañamiento gozoso en una multitud, cuando decidió colocarse la faja frontal de los portadores de palanquines sagrados durante una procesión. Una fotografía nos lo muestra muy joven todavía, y por una vez sonriente, con el kimono de algodón abierto por el pecho, igual en todo a sus compañeros de carga. Sólo un joven sevillano de hace algunos años, en la época en que el turismo aún no había ganado por la mano a la fiebre religiosa, habría podido sentir la misma embriaguez enfrentando, en una de las blancas calles andaluzas, el paso de la Macarena con el de la Virgen de los Gitanos. De nuevo aparece la misma imagen orgiástica de Mishi-

---

[3] En francés, *voyeur-voyant*, de muy difícil traducción (N. del T.).

ma, aunque esta vez descrita por un testigo, durante uno de los primeros grandes viajes del escritor, perplejo dos noches seguidas ante el magma humano del Carnaval de Río, y no decidiéndose hasta el tercer día a sumergirse en aquella muchedumbre enroscada y amasada por la danza. Pero aún es más importante el momento inicial de rechazo o de miedo vivido por Honda y Kioyaki, cuando huyen ante los gritos salvajes de los esgrimidores de *kendo*, que Isao y el propio Mishima lanzaron más tarde a pleno pulmón. En todos los casos, un repliegue o un temor que precede al abandono desordenado o a la disciplina exacerbada, que son una misma cosa.

La costumbre es iniciar un esbozo de este género con la presentación del ambiente familiar del escritor; si yo no la he seguido es porque ese fondo apenas importa, porque ni siquiera hemos visto perfilarse sobre él la silueta del personaje. Como toda familia que ya ha salido, desde hace varias generaciones, del anonimato popular, ésta impresiona sobre todo por la extraordinaria variedad de rangos, de grupos y de culturas que se entrecruzan en ese ambiente que, visto desde fuera, parece bastante fácil de asediar. En realidad, como tantas familias de la gran burguesía europea de la época, el linaje paterno de Mishima apenas sale del campesinado hasta comienzos del siglo XIX, para acceder a los títulos universitarios, entonces escasos todavía y muy apreciados, o a cargos más o menos elevados como funcionarios del Estado. El abuelo fue gobernador de una isla, pero se retiró a consecuencia de un asunto de corrupción electoral. El padre, empleado de ministerio, era considerado como un burócrata moroso y comedido que compensaba con su vida circunspecta las imprudencias del abuelo. Sabemos poco de él; sólo un gesto que nos sorprende: en tres ocasiones, durante sus paseos a través del campo, a lo largo de la vía férrea, levantó, nos dice, al niño en sus brazos, a un metro apenas del expreso que pasaba furiosamente, dejando que el pequeño fuese afectado por aquellos torbellinos de velocidad, sin que éste, ya estoico o tal vez petrificado, lanzase un solo grito. Extrañamente, aquel padre poco cariñoso, que habría preferido ver a su hijo haciendo carrera en el funcionariado y no en la literatura, sometía al niño a una prueba de aguante muy semejante a las que Mishima se impondría a sí mismo años después.[4]

La madre presenta unos contornos más nítidos. Nacida en una de esas familias de pedagogos

---

[4] Se advertirá que no recurro a las interpretaciones psiquiátricas o psicoanalíticas; en primer lugar, porque ya han sido intentadas varias veces, y en segundo lugar, porque esas interpretaciones, en una pluma no especializada, adquieren casi inevitablemente un aire de "psicología de drugstore". De todos modos, seguimos aquí otras ya realizadas.

confucianos que representan tradicionalmente la médula misma de la lógica y de la moralidad japonesas, fue al principio casi privada de su hijo aún muy pequeño, que pasó a manos de la aristocrática abuela paterna, mal casada con el gobernador de la isla. Hasta mucho después no tendrá ocasión de recuperar al niño; luego se interesará por sus trabajos literarios de adolescente embriagado de literatura; pensando en ella, a los treinta y tres años, edad tardía en el Japón para pensar en un matrimonio, Mishima se decide a recurrir a una intermediaria a la antigua usanza, para que aquella madre, a la que se creía erróneamente cancerosa, no tuviese el pesar de morir sin ver asegurada la continuación del linaje. La víspera de su suicidio, Mishima dio a sus padres lo que él sabía su último adiós en su casita puramente nipona, modesto anejo de su ostentosa villa a la occidental. La única referencia importante que poseemos de aquella ocasión es la de la madre, típica de toda solicitud maternal: "Parecía muy fatigado…". Sencillas palabras que recuerdan hasta qué punto aquel suicidio no fue, como creen los que nunca han pensado en tal final para sí mismos, un brillante y casi fácil gesto, sino un ascenso extenuante hacia lo que aquel hombre consideraba, en todos los sentidos de la palabra, su fin propio.

La abuela sí que era un personaje. Nacida en una buena familia de samurais, biznieta de un daimio (que equivale a un príncipe), emparentada incluso con la dinastía de los Tokugawa, todo el Japón antiguo, pero ya en parte olvidado, perduraba en ella en forma de una criatura enfermiza, un poco histérica, sujeta a reumatismos y neuralgias craneanas, casada tarde, a falta de algo mejor, con un funcionario de ínfimo rango.[5] Esta inquietante pero conmovedora abuela parece haber vivido en sus habitaciones, en las que también confinaba al niño, una vida de lujo, de enfermedad y de sueños, totalmente alejada de la existencia burguesa en la que se acantonó la generación siguiente. El niño más o menos secuestrado dormía en la alcoba de la abuela, asistía a sus crisis nerviosas, aprendió muy pronto a vendar sus llagas, la guiaba cuando se dirigía al cuarto de baño, llevaba unos vestidos de niña que ella le hacía ponerse por capricho algunas veces y asistía a instancias de ella al espectáculo ritual del *No* y los del *Kabuki*, melodramáticos y sangrientos, que él mismo emularía después. Aquella hada loca puso en él, probablemente, el grano de demencia que antaño se consideraba necesario para el genio; en todo caso

---

[5] El padre de Mishima, en un desagradable escrito de su cosecha publicado después de la muerte del escritor, menciona que una parte de los males de la abuela habían sido debidos a una enfermedad venérea transmitida por el demasiado alegre gobernador. Una alusión al propio Mishima lleva ese mismo sentido.

fue ella la que le procuró aquellos añadidos de dos generaciones, a veces de más, que posee después de su nacimiento el niño que ha crecido al lado de una persona anciana. Mishima debe tal vez su primera impresión de la *extrañeza* de las cosas, a la lección esencial, al contacto precoz con una carne y un alma enfermas. Pero lo que le debe por encima de todo es la experiencia de ser celosamente y locamente amado, y de corresponder a ese amor. "A los ocho años, tenía una enamorada de sesenta", escribió él en alguna parte. Un comienzo así es tiempo ganado.

Que el niño que iba a convertirse en Mishima estaba más o menos traumatizado por aquel extraño ambiente, como subrayan algunos biógrafos orientados hacia la psicología de nuestros días, nadie lo niega. Pero tal vez fue más vejado y más herido por las dificultades financieras, resultado de las calaveradas del abuelo, por la innegable mediocridad del padre y por las "insulsas peleas de familia" que él mismo evoca, ese pan cotidiano de tantos niños. La locura, la descomposición lenta y el amor desmedido de una vieja enferma son, por el contrario, lo que un poeta iría a buscar en esa vida de poeta, un primer cuadro haciendo juego con el breve y violento de la muerte.

No es cierto que el resto de sus antepasados paternos pertenecieran, como a él le gustaba creer, al clan militar de los samurais, cuya ética heroica adoptó al final. Al parecer se pondría allí un ejemplo de esos ennoblecimientos que un gran escritor como Balzac, y hasta cierto punto Vigny o incluso Hugo, evocando vagos abuelos renanos, se confiere a veces a sí mismo. En realidad, el mundo de pedagogos y de funcionarios del que Mishima salía parece haberse hecho cargo del ideal de fidelidad y de austeridad de los samurais de antaño, aunque no siempre se atuvieran a él, como bien lo demostró el abuelo. Pero si Mishima revive en el conde y en la condesa Ayakura de *Nieve en primavera* una aristocracia ya moribunda, lo hace gracias al estilo y a las tradiciones de la abuela. También en Francia fue corriente que la imaginación del escritor del siglo XIX se despertase a las fantasmagorías del Gotha por el contacto con una mujer anciana, pero el caso típico fue, sobre todo, el de las relaciones de un joven con una amante ya de edad: Balzac recreó el gran mundo según la imagen que le ofrecían, como un abanico solamente entreabierto, Madame de Berny y Madame Junot. El Marcel de Proust expresa en primer lugar su sed de una sociedad aristocrática por una fijación novelesca como Madame de Guermantes, por lo menos veinte años mayor que él. En el caso de Mishima, es la relación casi carnal nieto-abuela lo que pone en contacto al niño con el Japón de antaño. Por un trastocamiento nada raro en literatura, la abuela de *Nieve en primavera* es también un personaje excéntrico con respecto al eje familiar de los Matsugae, pero es ella quien representa la raíz rústica en el seno de una nobleza en vías de ascensión; esa recia anciana, que rechaza la pensión que el Estado le concede por sus dos hijos muertos en la guerra ruso-japonesa, "porque ellos solamente cumplieron con su deber", encarna una lealtad campesina que los Matsugae han abandonado. El delicado Kioyaki es su preferido, como el frágil Mishima lo fue de su abuela; de ambas mujeres sale una bocanada de otro tiempo.

Confesiones de una máscara, relato casi clínico de un caso particular, ofrece al mismo tiempo la imagen de la juventud entre 1945 y 1950, no solamente en el Japón, sino en casi todas partes, y todavía es válida hasta cierto punto para la juventud de hoy. Breve obra maestra a la vez de la angustia y de la atonía, este libro nos hace pensar, a pesar del tema diferente y de su situación en el mapa, en *El extranjero,* casi contemporáneo, de Camus; quiero decir con esto que contiene los mismos elementos de autismo. Un adolescente asiste, sin comprenderlos, suponiendo que tengan algo que comprender, a unos desastres sin precedentes en la historia, abandona la Universidad por la fábrica de guerra, ronda por las calles incendiadas como, por lo demás, también lo habría hecho, si hubiese vivido en Londres, en Rotterdam o en Dresde en lugar de vivir en Tokyo.

"Se habría vuelto loco si aquello hubiese continuado." Pero hasta después de la decantación de veinte años de recuerdos no extenderá en toda su amplitud, ante los ojos de Honda, grotescamente vestido con unas polainas de lona de auxiliar civil que no sabe llevar, el panorama de un Tokyo con las vigas calcinadas y las conducciones de agua retorcidas; el emplazamiento, imposible de reconocer, de lo que antes había sido el suntuoso parque de los Matsugae; y, en un banco, como una vieja de las pesadillas de Goya, la geisha casi nonagenaria que antes fue una "nodriza de Julieta" para la amante de Kioyaki, repintada, depilada, empelucada, hambrienta por añadidura y que también ha venido a ver otra vez de cerca lo que ya no existe.

Lo diseñado aquí no tiene en cuenta el centro mismo del libro, los incidentes de la infancia y de la pubertad del personaje, discutidos más atrás a propósito del propio Mishima, porque esta pequeña obra es una de esas, muy raras, que nos produce la impresión de una autobiografía tomada a lo vivo, antes de que la elaboración novelesca interviniese. Como quizás es natural en toda autobiografía sincera escrita valerosamente por un hombre de veinticuatro años, el erotismo lo invade todo. Este relato de la tortura por el deseo frustrado, y todavía inconsciente a medias, también podría haberse situado en cualquier otra parte, en la primera mitad del siglo XX; o antes, naturalmente. La necesidad casi paranoica de "normalización", la obsesión de la vergüenza social que, como bien ha dicho la etnóloga Ruth Benedict, ha reemplazado en nuestras civilizaciones a la del pecado, sin verdadero beneficio para la libertad humana, son ejemplificados aquí casi en cada página, como no lo hubiesen sido en un Japón antiguo, más sosegado ante ciertos temas o adaptándose a otras normas. Claro está que también el personaje, síntoma clásico, cree que es el único en el mundo que experimenta lo que experimenta. Clásico hasta el final, este muchacho todavía endeble, ni tan alto en el aspecto social ni tan rico como sus condiscípulos de la Escuela de los Pares, donde ingresó por los pelos, se enamora en silencio y desde lejos del alumno más adulado y más atlético: es la eterna situación Copperfield-Steerforth, con más audacia en lo que concierne a los fantasmas amorosos, ya que, al fin y al cabo, aquí sólo se trata de fantasmas. El sueño despierto durante el cual el preferido sirve los manjares de un festín antropofágico, no brinda precisamente una imagen agradable, pero basta con haber leído a Sade, a Lautréamont o, más pedantemente, remitirse a los devotos de la Grecia antigua repartiéndose la carne cruda y la sangre de Zagreo, para comprobar que el recuerdo de un salvaje rito de Devoradores flota todavía en el inconsciente humano, aunque sólo es rescatado por algunos poetas lo bastante audaces para hacerlo. Por otra parte, el folklore japonés está tan lleno de *pretas*, fantasmas hambrientos que devoran a los muertos, que esta fantasía lúgubre hace pensar en ellos, y también en uno de los admirables *Cuentos del claro de luna y de la lluvia*, escritos en el siglo XVIII por Uyeda Akinari, "El demonio", en el cual un sacerdote necrófilo y antropófago es curado y salvado por un cofrade Zen. Pero aquí, no se produce ninguna curación ni ninguna salvación para el joven poeta, salvo, probablemente, la habitual y lenta reabsorción de los fantasmas de la adolescencia en las inmediaciones de la edad adulta.

La relación vacilante, y que no tiene salida, del protagonista de *Confesiones de una máscara* y de su amiga de la infancia, casada con otro hombre, sus encuentros siempre un poco fortuitos y casi furtivos en la calle o en los cafés, también podría acontecer en París o en Nueva York, del mismo modo que en Tokyo. Esta joven japonesa, también mal instalada en la vida, habla de hacerse bautizar, como una joven norteamericana de nuestros días nos hablaría de practicar el Zen. Reconocemos también la mirada furtiva lanzada por el muchacho, un poco cansado de su graciosa y bastante insulsa compañera, sobre los guapos pícaros reunidos en el bar. El libro acaba con esta indicación.

Antes de *Confesiones de una máscara,* Mishima sólo había tenido algunos éxitos dignos de ser considerados. Su primer libro, *El bosque en flor,* obra de sus dieciséis años, estaba inspirado por el Japón poético; de vez en cuando, algunos relatos sobre el mismo tema y escritos de la misma manera iban a ir deslizándose en esa producción, cada vez más "decididamente moderna". Su conocimiento del Japón clásico era, se nos dice, superior al de la mayoría de sus contemporáneos, exceptuando los eruditos, naturalmente. Su familiaridad con las literaturas europeas no era menor. Leía los clásicos de éstas, al parecer con una especial predilección por Racine.[6] Se dedicó a lo griego a su regreso de Grecia y profundizó en ello lo bastante para infundir a esa breve obra maestra que es *El tumulto de las olas* esas cualidades de equilibrio y de serenidad que hemos dado en creer griegas. Pero, sobre todo, se dedicó a la literatura moderna europea de los precontemporáneos, como Swinburne, Wilde, Villiers o

---

[6] Poco antes de su muerte, aparecerá por última vez en escena como comparsa (uno de los guardias) en una traducción del *Británico* que él había supervisado. Henry Scott-Stokes, en su biografía de Mishima (Nueva York, 1974), señala que, según una fotografía, los otros tres guardias muestran el aspecto disfrazado y un poco vacío tan frecuente en los figurantes ataviados ridículamente de soldados. Sólo Mishima ofrece los rasgos duros y la actitud adecuados.

D'Annunzio, hasta Thomas Mann, Cocteau y Radiguet, cuya precocidad, y sin duda probablemente su muerte en plena juventud, le deslumbraron.[7] Menciona a Proust y cita a André Salmon en *Confesiones de una máscara,* y busca un catálogo de sus propias pulsiones sensuales en las obras, ya un tanto anticuadas, del doctor Hirschfeld. Parece estar enlazado largo tiempo, y a veces hasta el final, con los literatos de Europa, menos por el fondo, que con frecuencia refuerza y confirma el suyo, que por lo que le proporcionan de nuevo e insólito en la forma. Entre 1949 y 1961, o incluso antes, como vamos a ver, la factura de sus mejores libros, y también de otros menos buenos, será más europea (pero no americana) que japonesa.

---

[7] Los dos nombres recordados con más frecuencia por algunos críticos con respecto a Mishima son los de D'Annunzio y Cocteau, y casi siempre con cierta intención denigrante. En ambos casos, y en algunos puntos, esa relación existe. D'Annunzio, Cocteau y Mishima son grandes poetas. Y se cuidan también de organizar su publicidad. En D'Annunzio, el estilo al gran modo barroco puede ser comparado con el de Mishima, sobre todo en algunos primeros libros, inspirados por los refinamientos de la época Heian; el interés d'annunziano por los deportes se asemeja, al menos superficialmente, a la pasión de forjar de nuevo su cuerpo con una disciplina atlética; el erotismo, pero no el donjuanismo de D'Annunzio, también existe en la obra de Mishima y todavía más la inclinación a la aventura política, que llevaría al uno al Fiume y al otro a la protesta pública y a la muerte. Pero

A partir del resonante éxito de *Confesiones de una máscara,* ha nacido el escritor; en lo sucesivo ya es, y de verdad, Yukio Mishima.[8] Ha renunciado al puesto de burócrata que le había hecho aceptar su padre; este último, convencido por las ganancias de los derechos de autor, ha dejado de lamentarse por las audacias del libro. Mishima entra, pues, en su papel de escritor brillante y desigual, casi demasiado dotado, fecundo en exceso, menos por complacencia y abandono que porque trata de ganarse holgadamente la vida, para él y para su familia, cosa que conseguirá dedicándose la mitad del tiempo a la literatura alimentaria destinada a las revistas de gran tirada y a las publicaciones femeninas. Esta mezcla de mercantilismo y de genio literario no es nada rara. Balzac no sólo tuvo su período de novelas de subsistencia caídas en el olvido, sino que también

---

Mishima se libra de aquellos largos años de reclusión "en su cuarto", camuflado detrás de los honores, que convierten el final de D'Annunzio en una irrisoria tragicomedia. Cocteau, por su extraordinaria versatilidad, tal vez se parece más a Mishima, pero el heroísmo (salvo ese heroísmo secreto del poeta que nunca hay que olvidar) no fue una de sus características. Además (y la diferencia es grande), el arte de Cocteau tiene algo de brujo y el de Mishima de visionario.

[8] Su verdadero nombre era Kimitake Hitaoka. El seudónimo fue elegido por el escritor adolescente desde su primera obra, *El bosque en flor.* Mishima es el nombre de un pueblo que está al pie del monte Fuji; la resonancia del nombre Yukio hace pensar en la nieve.

es imposible distinguir, en la masa enorme de *La Comedia humana,* entre la invención debida a la necesidad de aumentar las ventas y el poderoso delirio creador. La misma ambivalencia existe en Dickens: la pequeña Nell, el pequeño Dombey, la angelical Florence, Edith y su adulterio proyectado (proyectado, pero no realizado, pues no hay que molestar a los lectores), los remordimientos de Scrooge y las inocentes alegrías del pequeño Tim nacen a la vez del deseo de ofrecer a la honesta burguesía lectora de novelas un pasto a su gusto y de su voluntad de dar rienda suelta a unas fuerzas casi visionarias.

La costumbre de publicar las novelas en folletones, muy común en la Europa del siglo XIX, y en vigor todavía en el Japón de Mishima, las exigencias, en tal caso, de los directores de los periódicos que preceden a las de los editores y a las del público mismo, han obligado con mucha frecuencia a esa comercialización del producto literario. Incluso aquellos solitarios natos que fueron Hardy y Conrad, casi desprovistos de afinidades con la subcultura de su época, consintieron en desnaturalizar algunas obras en el sentido del gusto popular. Grandes novelas determinadas, como *Lord Jim,* fueron escritas, evidentemente, aprisa y compulsivamente hasta el final, todo ello para traducir la imagen más profunda que un hombre se hace de la vida y a la vez para pagar a tiempo las facturas de un hogar burgués. Parece ser que el escritor joven y oscuro no tiene otra elección y que, llegado el éxito, el hábito ya está irremediablemente adquirido. En lo que concierne a los muy grandes, lo mejor que puede decirse es que esa necesidad de dinero que casi siempre va al encuentro de la obra de arte, ha forzado la mano a la habitual inercia del soñador y contribuido a hacer de su obra ese vasto magma que se parece a la vida.

El caso de Mishima difiere un poco. Se diría que esa ola lucrativa ha sido canalizada en él por una severa disciplina. El escritor japonés, enfermizo y creído tuberculoso en su primera juventud, sean cuales fuesen las ocupaciones y las distracciones tan abundantes en su vida, dedica cada día dos horas a los ejercicios físicos destinados a reestructurar su cuerpo; este hombre al que no consiguen embriagar las olas del alcohol de los bares y de las veladas literarias, se encierra en su despacho, lo más tarde al dar la medianoche, para dedicar dos horas a sus textos de fabricación corriente, elevando así a treinta y seis la cifra de sus obras completas, cuando para su gloria habrían bastado seis o siete. Lo que quedaba de la noche y las horas del amanecer eran dedicadas seguidamente a "sus libros". Parece imposible que lo mediocre, lo artificial, lo prefabricado de la literatura producida para uso de las masas lectoras, pero no pensantes, que esperan que el escritor les devuelva la imagen que ellas tienen del mundo, contrariamente a lo que su propio genio le obliga, no invadan a menudo las obras auténticas. Y ése es el problema que tendremos que resolver a propósito de *El mar de la Fertilidad*. Pero la experiencia paralela no ha sido hecha nunca: como ninguna de las obritas destinadas al consumo común ha sido traducida, no podemos —y de todos modos probablemente sería enojoso hacerlo— buscar en ese fárrago de los temas mejor tratados en otra parte, una imagen brillante y nítida, un episodio realmente cálido que podría haber caído allí como por azar y que estaba hecho para permanecer en las "obras auténticas". Por otra parte, parece difícil que los haya.

No se trata de apurar una por una las novelas, de diversos tipos, pero en su mayor parte de una calidad o de un interés innegable, que se intercalan entre *Confesiones de una máscara* y los comienzos de ese gran propósito que fue para Mishima *El mar de la Fertilidad*. El teatro sólo será tratado brevemente; y la única novela literaria de Mishima que fue un fracaso, *La casa de Kyo*, será silenciada por la fuerza de los hechos, puesto que no ha sido traducida a ninguna lengua europea. Esas obras, en apariencia dispares, que habrían bastado para situar a su autor en un alto puesto de la producción de su tiempo, jalonan los caminos por los que pasa un gran escritor antes de afrontar únicamente, y de expresar con la amplitud necesaria, sus temas esenciales que, por otra parte, mirando desde cerca, ya se traslucían en sus primeras obras.

Por su preocupación de llenar el cuadro con un suceso contemporáneo apenas modificado, algunos de esos relatos del joven Mishima pertenecen a la muy rara categoría del presente atrapado en el instante mismo: hallaremos en él hasta el final esa necesidad de fijar al instante la actualidad que pasa. Otros se deslizan a veces hacia el reportaje, o, lo que es peor, hacia la elaboración novelesca realizada demasiado deprisa. En casi todos ellos predomina la factura europea, lo mismo si se trata del realismo lírico de *La sed de amar* que de ese terminante dibujo que es *El marino que perdió la gracia del mar*. Casi podría decirse que, hasta la edad de cuarenta años, aquel hombre que no había sido afectado por la guerra —al menos así lo creía él[1]— realizó en sí mismo la evolución experimentada por el Japón entero, que pasó en seguida del heroísmo en los campos de batalla a la aceptación pasiva de la ocupación, reconvirtiendo sus energías en el sentido de esa otra forma de imperialismo que es la occidentalización a ultranza y del desarrollo económico cueste lo que costare. Las fotografías de un Mishima con smoking o con chaqué, cortando el pri-

---

[1] Él mismo decía que la muerte de su hermana, a los dieciséis años, víctima del tifus en 1943, le había afectado más.

mer trozo de la tarta nupcial en la *International House* de Tokyo, santuario del Japón americanizado, o también la de un Mishima dando conferencias con un traje impecable de hombre de negocios, persuadido de que un escritor debe ser igual que un banquero, son características de su tiempo. Pero las obsesiones, las pasiones, las repugnancias de la adolescencia y de la edad adulta continuaban excavando, bajo la superficie y en los libros, unas cavernas convertidas en laberínticas. La fotografía de Mishima-San Sebastián no está lejos; la del hombre mordisqueando una enorme rosa que parece, a su vez, devorarle el rostro, no está lejos tampoco. Y reservo para la última página de este ensayo una fotografía más traumatizante todavía.

Colores prohibidos es una novela de apariencia tan chapucera que casi despierta la sospecha de haberse librado de la "producción comercial" sólo por el hecho de su tema. Como ocurre siempre en las obras de Mishima, los cálculos abundan en ésta, pero para desembocar en unas sumas que parecen erróneas. Estamos en los ambientes "gays" del Japón de posguerra, pero la presencia del ocupante sólo es vista a través de unos raros fantoches que buscan su placer; la fiesta de Navidad casi sacrílega, con gran refuerzo de whisky, que da un americano riquísimo, lo mismo podría tener lugar en New Jersey que en Yokohama. El bar en donde se traman y se deshacen las intrigas es semejante a todos los bares. Yuicho, el joven hombre-objeto, pasa a través de inverosímiles embrollos, perseguido por unos títeres de ambos sexos. Poco a poco nos vamos dando cuenta de que esta novela-reportaje es una novela-cuento. Un ilustre y rico escritor, exasperado por las infidelidades de su esposa, se sirve de Yuicho como de un instrumento de venganza contra los hombres y las mujeres.[2] La historia tiene un desenlace feliz a su propio nivel: Yuicho hereda una fortuna y va, alegremente, a que le limpien los zapatos.

Como ya veremos al tratar, entre otros, el tercer volumen de *El mar de la Fertilidad,* nuestra incomodidad nace de una incertidumbre: ¿el autor es cómplice de la abulia de sus personajes o los contempla con la mirada indiferente del pintor? La respuesta no es fácil. El novelista no reviste los ambientes que describe con la poesía fuliginosa de un Genet. Algunas notas hacen pensar en los leves croquis del *Satiricón:* fáciles camaraderías con paquete de cigarrillos y caja de cerillas bajo la almohada, cambio de palabras inspirado en los diarios deportivos, jactancias de

---

[2] A este respecto hay que señalar, en este libro privado de toda poesía romántica, un detalle de una belleza trágica casi insostenible: que el ilustre escritor, en presencia del cadáver de su mujer que se ha arrojado al río, coloca sobre el rostro de la muerta una máscara de *No* que la carne hinchada desborda por todas partes.

hazañas deportivas que recuerdan la clase de gimnasia en la escuela. Dos escenas centradas en la condición femenina tienen más alcance: en una de ellas, Yuicho lleva a casa del ginecólogo a su joven esposa (porque está casado, y ése es uno de los trucos del mago) para obtener la confirmación del primer embarazo de ésta, y los cumplidos a la vez vacíos e ingenuos del famoso doctor a la perfecta joven pareja. En la otra, Yuicho, que ha tenido acceso a la sala de partos, asiste al largo esfuerzo de su mujer. "La parte baja de su cuerpo parecía hacer esfuerzos para vomitar."[3] Los órganos femeninos, que hasta entonces sólo le habían parecido al muchacho "una honda vasija de barro", revelan bajo el escalpelo de la operación cesárea su verdad de carne y de sangre. Escena iniciática, como toda muerte y todo nacimiento, que los convencionalismos cubren en todas partes con un lienzo o de las cuales apartamos discretamente los ojos.

Comparado con esta novela rechinante —tal como se dice que rechina una carreta mal engrasada—, *El Pabellón de Oro* es una especie de obra

---

[3] Mishima utilizará de nuevo la misma imagen para la trágica descripción del *seppuku* en *Patriotismo*. El vientre abierto dejando salir las entrañas también parece vomitar.

maestra. Tal vez, a pesar de lo que parece una buena traducción francesa, ésta se advierte mejor en una segunda lectura, cuando se ha situado la novela en el conjunto de la obra completa, donde se inscribe como en el interior de una polifonía. Como ocurre tantas veces en la obra de Mishima, la fabulación conecta con lo inmediato y actual, incluso con el suceso: en 1950, un joven monje que hacía su noviciado en el templo del Pabellón de Oro, lugar santo famoso por su belleza arquitectónica y por su situación en la orilla de un lago, en los alrededores de Kyoto, prendió fuego a ese edificio de casi cinco siglos de antigüedad y todo él impregnado de recuerdos de la época de Yoshimitsu. El pabellón fue reedificado después, mientras que Mishima, ayudado por la documentación del proceso, reconstruía por su parte los motivos y el desarrollo del delito. Típicamente, de las motivaciones del culpable, de las que parecen haber formado parte la ambición frustrada y el rencor, el escritor sólo retiene una: el odio a lo Bello, la exasperación ante esa joya demasiado elogiada que es el Pabellón de Oro, inmóvil en su perfección secular. Lo mismo que ocurrió con el incendiario de carne y hueso, su tartamudez y su fealdad aíslan al novicio de la amistad humana. Objeto de burlas y de vejaciones, no tiene más compañeros que un cándido muchacho cuyo suicidio por penas de amor será camuflado por sus padres como un accidente, y un patizambo malvado y cínico que se sirve de su deformidad para enternecer y seducir a las mujeres. Nuevamente, ese ambiente eclesiástico budista nos sorprende menos de lo que habíamos creído: un Huysmans a finales de siglo, o un Bernanos por la época en que ardió el Pabellón de Oro, habrían podido describir el mismo seminario polvoriento, los vetustos estudios, la oración reducida a una vana rutina o el superior, un buen hombre que, cuando se tercia, camuflado con un sombrero y una bufanda, se va a la ciudad a perseguir muchachas. Tampoco sería inimaginable en Occidente un seminarista católico de aquellos años, indignado por el "entumecimiento de la religión" y prendiendo fuego a la antigua y venerada iglesia. El mediocre novicio que relata su vida vacía, presenta, pues, una patente realidad; al mismo tiempo, por una ficción que es el eje de toda creación literaria, el autor ha insuflado en él, no sólo una parte de la sensibilidad que le ha permitido comprender y recrear el personaje, sino también ese don de decir y modular lo que siente, que es el privilegio del poeta. En suma: esta novela realista es un canto.

La ambivalencia amor-odio que el novicio siente por el Pabellón de Oro se convierte además en una alegoría. Un crítico europeo ha visto en ella, a mi juicio erróneamente, sobre todo en la fecha en que el texto fue escrito, el símbolo del cuerpo, al que Mishima concede una especie de valor supremo, precisamente por ser destructible, y sobre todo, quizás, a condición de destruirlo por su propia mano. Visión a la vez sofisticada y primaria, como tantas otras de la crítica de nuestro tiempo, que no tiene en cuenta el momento específico en que se sitúa un libro en el transcurso de una vida y que se empeña en ligar al autor con su obra por medio de cables, en lugar de hacerlo con finos capilares. Durante la amenaza de bombardeo, el sentimiento que el Pabellón de Oro despierta en el novicio es de amor; están amenazados los dos. Después, en una noche de tifón, cuando el Pabellón —"el templo sobre el cual se modelan las estructuras de mi universo"— se encuentra como milagrosamente protegido de la tempestad, que pasa sobre el lago sin estallar, el alma del novicio se divide en cierto modo: por un lado, a favor de la obra maestra; por el otro, a favor del viento. "¡Más fuerte! ¡Más fuerte! ¡Un esfuerzo más!" El romanticismo de Occidente ha conocido las mismas tentaciones, que son las del ser que quiere ir hasta el final de sí mismo. "¡Levantaos, tormentas deseadas, que debéis llevaros a René a los espacios de otra vida!" Más adelante, a medida que el novicio se ensombrece y amarga, el templo, cómodo en su perfección, se convierte en un enemigo. No obstante, es al mismo tiempo, para el muchacho desfavorecido, como indica una serie de meditaciones impregnadas por budismo tántrico, ÉL MISMO. El adolescente de corazón enfermo consigue imaginar un Pabellón de Oro, no más inmenso, que reúne en sí toda la belleza del mundo, como él lo había visto al principio, pero minúscula molécula (lo cual, por otra parte, viene a ser lo mismo) que él lleva dentro de sí como se lleva un germen. En otro momento, el guijarro que arroja jugando en el estanque el inocente Tsurakawa, rompe y disipa en ondas agitadas la reflexión del objeto perfecto: otra imagen búdica de un mundo en el que nada es permanente. Cuanto más crece en el novicio el deseo de destruir la obra maestra, más nos vienen a las mientes los paradójicos consejos de los patriarcas Zen, aprobando que se quemen las efigies del Buda como leña para calentarse, o incluso la famosa admonición del *Rinzairoku:* "Si te encuentras con Buda, mátalo; si te encuentras con tus padres, mátalos; si te encuentras con tu antepasado, mata a tu antepasado. ¡Sólo entonces serás libre!". Frases peligrosas, pero que no están muy alejadas de algunas admoniciones evangélicas. Se trata siempre de superponer a la sabiduría prudente y normal en la que vivimos o sobre la cual vegetamos todos, la sabiduría peligrosa, pero revivificante, de un fervor más libre y de un absoluto mortalmente puro. "Yo estaba solo, envuelto en el absoluto del Pabellón de Oro. ¿Era yo quien lo poseía, o era yo poseído por él? ¿No iríamos más bien a alcanzar un momento de raro equilibrio en el que yo sería el Pabellón de Oro mientras que el Pabellón de Oro sería yo?"

Y en efecto: tan pronto el novicio prende el fuego, el primer impulso del incendiario es el de dejarse consumir por él. Trata, sin conseguirlo, de abrir la puerta del santuario convertido en brasero, y retrocede, sofocado por las espirales de humo que transforman su proyecto de agonía en un ataque de tos. Finalmente, será detenido en la colina que domina el templo, harto de los pasteles baratos que atiborran su estómago hambriento de monje mal nutrido por los magros alimentos de posguerra, tras renunciar al proyecto de suicidio instantáneo, para lo cual había comprado un cuchillo. Lamentable Eróstrato que lo único que desea es vivir.

Después de la obra maestra negra, *Confesiones de una máscara,* y de la obra maestra roja, *El Pabellón de Oro,* una obra maestra clara: *El tumulto de las olas*; es uno de esos libros felices que el escritor no escribe, generalmente, más que una vez en su vida. También es una de esas obras cuyo éxito inmediato es tal que las desgasta para los lectores difíciles. Incluso su perfecta limpieza es una trampa. Como la estatuaria griega de la gran época, evita sobre los planos del cuerpo humano los huesos y los resaltos demasiado pronunciados que crearían unas roturas de luz y de sombra, para dejar que los ojos y la mano perciban mejor la infinita delicadeza del modelado. *El tumulto de las olas* es un libro sobre el cual aún no se ha realizado una interpretación crítica. Idílica historia de un muchacho y de una joven en una isla japonesa sin más recursos, para los hombres, que la pesca de altura, y, para las mujeres, durante una corta estación del año, la inmersión en busca de *abalone,* moluscos con revestimiento de nácar, este libro ofrece la pintura de una vida, no miserable, pero sí limitada a lo estrictamente esencial, y de un amor sólo contrariado por una ínfima diferencia de clase entre el hijo de una pobre viuda, pescadora de *abalone,* y la hija de un modesto marino de cabotaje que a los lugareños les parece riquísimo. El autor había regresado de Grecia en la época en que comenzó esta breve novela, y el entusiasmo por esa Grecia nuevamente descubierta está incluido, invisible y presente, en su descripción de una pequeña isla japonesa. Lo mismo sucede —y me arriesgo a una comparación probablemente desmesurada— en *Guerra y Paz:* parece la epopeya eslava por excelencia, pero nosotros sabemos que Tolstoi, cuando la escribía, se embriagaba con Homero. Considerando sólo el tema, que es el del amor joven, *El tumulto de las olas* parece en principio uno más de los innumerables refritos de *Dafnis y Cloe.* Pero conviene confesar aquí, dejando a un lado toda superstición de lo antiguo, y de un antiguo además de época muy baja, que la línea melódica de *El tumulto de las olas* es infinitamente más pura. No sólo cada episodio es tratado con un sobrio realismo, sin los incidentes novelescos y tradicionalmente melodramáticos que Longo se permitió, sino que, además —y sobre todo— no hay nada en la novela de Mishima que recuerde el deseo de cosquillear al lector con los debates artificialmente prolongados de dos niños que experimentan, sin haber descubierto el amor, las fórmulas del placer carnal. La famosa escena en que el muchacho y la niña, empapados por el chaparrón, se desnudan y se calientan, separados por una hoguera de leña seca, sólo ultrapasa un poco la verosimilitud en un país donde el desnudo erótico apenas existió durante largo tiempo, pero donde el desnudo cotidiano, por ejemplo el de los baños en los que participan ambos sexos, sigue siendo una tradición en los medios no demasiado occidentalizados. Esos tímidos juegos al lado de las llamas ponen en *El tumulto de las olas* unos bellos resplandores y reflejos, muy parecidos a los del fuego ritual shinto. Una escena como la de las pescadoras de *abalone,* desnudas, heladas, calentándose en la playa sus viejos o jóvenes cuerpos, echando ávidas miradas sobre el portamonedas de plástico que les ofrece un vendedor ambulante, nos aleja mucho de las *Pescadoras de abalone* de Utamaro, en las que la gracia sobrevive a la fatiga. En esta obra se descubre un tema que reaparecerá en *El mar de la Fertilidad:* el contraste entre las duras y puras fuerzas elementales y el lujo pobre de un mundo gangrenado. La escena final en que el muchacho obtiene el favor del armador de cargueros arrojándose al mar, durante un tifón, para anudar el cabo que amarra el barco a una boya, es a la vez mitológica y real. Ese cuerpo blanco y desnudo apresado en los tortuosos repliegues del agua negra, se debate, sin malgastar el aliento, mejor que ningún Leandro de leyenda que se esfuerza en alcanzar a Hero. La pareja de la joven, de aspecto más modesto, y del muchacho, mucho más brillante, como ocurre en las parejas del mundo animal, parece realizar al fin para el poeta la imagen de una especie de androginato escindido en dos seres.

Después del banquete, que le valió a su autor un proceso por difamación, es otro ejemplo de esa pasión de aferrarse a la actualidad de la que ya hemos tratado. Su interés para nosotros radica en que trata, bajo el aspecto de la propietaria de un restaurante de moda, el tipo de mujer dueña, seductora pero con mente hábil para los negocios, que cruza de vez en cuando por las novelas de Mishima. La encontramos de nuevo, a un nivel más alto, en la Keiko de *El mar de la Fertilidad,* y, con silueta más fina y más "a la moda", en la joven viuda de *El marino que perdió la gracia del mar,* propietaria de una tienda elegante de Yokohama. Esta larga novela corta, de una perfección helada como la hoja de un escalpelo, es tardía en la obra de Mishima y toca ya otros temas temibles de los que hablaremos despúes. También aquí existen esa violencia fría, esa esterilidad casi elegante y casi fácil que aparecen como características de nuestro tiempo en cualquier parte: una película inglesa ha presentado esta aventura negra con actores británicos y en paisajes de Inglaterra sin que cambiase demasiado esa historia de una relación entre un marino novelero y una viuda joven y sensual, ni las maniobras de una banda de niños vivisectores. Pero ya estamos en el horror sin palabras.

La mayor parte de las obras de teatro de Mishima, tan bien acogidas en el Japón como sus novelas, y a veces incluso mejor, no han sido traducidas;[4] por consiguiente sólo podemos considerar aquí sus *Seis piezas No,* que son de los años 50, y su *Madame de Sade,* compuesta casi al final de su vida. Ofrecer unos *Nos* en un equivalente moderno presenta casi los mismos atractivos y los mis-

---

[4] Onnegata, una de las mejores novelas cortas de Mishima, atañe al teatro porque evoca sutilmente la posición de un sector tradicional de *Kabuki* que se dedica a hacer papeles femeninos y que se ve obligado por la costumbre a hablar, a comer, a caminar como mujer

mos peligros que hacer pasar de lo antiguo a lo contemporáneo una tragedia griega: atractivo de un tema resuelto de antemano, conocido de todos, que ya ha conmovido a generaciones de amantes de la poesía, y cuya forma está, por decirlo de algún modo, rodada desde hace siglos; peligro de caer en el insulso *pastiche* o en la irritante paradoja. Cocteau, Anouilh, y antes que ellos D'Annunzio, y después que ellos algunos otros, con aciertos y fracasos diversos, ya han conocido todo esto. Pero la dificultad del *No* es tanto mayor cuanto que se trata de obras todavía impregnadas de algo sacro, elemento poco apreciado por nosotros en el drama griego, puesto que se trata de una religión que el espectador considera muerta. Por el contrario, el *No,* que amalgama mitología shinto y leyenda búdica, es el producto de dos religiones todavía vivas, aunque su influencia tienda hoy a anularse. Su belleza radica,

en la vida normal, so pena de carecer de naturalidad en escena, y que no obstante continúa sintiendo y haciendo sentir, a través de su disfraz, la presencia de un hombre que observa e imita a una mujer. Argumento que ahonda en el tema de las relaciones entre el arte y la vida. Parece ser que, gracias a su vieja amistad con un *onnegata* famoso, Mishima descubrió la "paradoja del comediante" y, al mismo tiempo, la del teatro, aunque él mismo, salvo error, no utilizó nunca en sus obras teatrales, todas ellas "modernas", el clásico trasvestido.

por una parte, en la mezcla que aparece ante nosotros de vivos y de fantasmas, casi idénticos los unos a los otros en un mundo donde la impermanencia es la ley, pero escasamente convincentes en nuestras decoraciones mentales de hoy. Mishima resiste, en la mayor parte de los casos, al desafío. Es difícil permanecer insensible, en *La dama Aoi,* ante la vela de Genghi (convertido aquí en un rico y brillante hombre de negocios) en la habitación de una clínica donde su mujer Aoi languidece con una grave enfermedad nerviosa, ni tampoco ante la entrada por una puerta y la salida por otra de un yate espectral a cuyo bordo sube él, como a su pesar, con una antigua amante, Rokujo, que no es otra que el "fantasma viviente" que tortura a la desventurada Aoi. Aún más extraordinario, si ello es posible, es el decorado del *Tambor de brocado:* el vacío azul, la fosa del cielo divisado entre los dos pisos superiores de unos inmuebles: el de la izquierda, un salón de alta costura que frecuenta una cliente seca y frívola, y el de la derecha, un despacho de procurador desde cuya ventana espía un viejo empleado enamorado. Igual que en la pieza antigua, el "tambor de brocado", enviado por broma al anciano, no emite, como es fácil suponer, ningún sonido, símbolo de la indiferencia de la bella en presencia del ingenuo enamorado, que se agota inútilmente, golpeando cada vez más fuerte, como un corazón desordenado que está a punto de romperse.

En *Madame de Sade* se repite la hazaña: todo en forma de diálogos, como en Racine, sin acción alguna, salvo entre bastidores o por un relato interpuesto, la obra está hecha enteramente con contrapunto de voces femeninas: la esposa amante, la suegra convencionalmente impresionada por los desenfrenos de su yerno, la hermana convertida en amante del culpable perseguido, una discreta sirvienta, una piadosa amiga de la familia y, menos agradable de escuchar que las otras, una Sade hembra, adepta del marqués, especie de Madame de Merteuil en colores más fuertes, que lanza unos parlamentos de un cinismo declamatorio con la intención, al parecer, de pasar las candilejas. La obra posee la extraordinaria fascinación que produce cualquier novela o cualquier drama contado en torno a un ausente. Sade permanece invisible hasta el final, como en *Las olas* de Virginia Woolf ese Perceval adulado por todos los demás personajes del libro. La esposa de corazón fiel que, a fuerza de ternura (¿o por qué otra oscura razón?), acaba participando en una cruel y degradante orgía, nos conmueve, aunque una cierta incomodidad crece dentro de nosotros al oírla glorificar en Sade una especie de hipóstasis del Mal destinada a crear unos valores nuevos, rebelde grandioso y calumniado, como lo era Satán para Baudelaire y Bakunin. Esa oposición casi maniquea del Bien y del Mal, ajena al pensamiento extremo-oriental,

49

queda, además, muy trasnochada para nosotros con esa forma: hemos visto demasiadas veces desencadenarse las fuerzas del mal para creer todavía en el Mal romántico. El Mishima europeizado, jugando sus bazas de hombre de teatro, nos parece caer en una retórica fácil. Pero la escena que sigue es una gran escena: esa esposa que no ha dejado de visitar al preso a través de las rejas en la oscuridad de la celda, que ha leído con pasión *Justina* y que acaba de hacernos un fervoroso elogio de su autor, es interrumpida por la llegada de la sirvienta que anuncia a las damas que el señor marqués, liberado por los revolucionarios (estamos en 1790), se encuentra en la puerta. "Apenas lo he reconocido... Lleva un gabán de lana negra remendado en los codos, y el cuello de la camisa está tan sucio (con perdón de ustedes) que lo he tomado por un mendigo. Y está tan gordo... Su cara está hinchada y macilenta... Sus ropas parecen demasiado pequeñas para su corpulencia... Cuando mascully algo, se ve que ya sólo le quedan en la boca unos cuantos dientes amarillos... Pero me ha dicho con gran dignidad: Soy Donatien-Alphonse-François, marqués de Sade." La respuesta de Madame de Sade es que le ruegue que se vaya y que le diga que no volverá a verlo nunca en su vida. Tras ese veredicto, cae el telón.

¿Qué es lo que se ha producido? Madame de Sade, que ha amado en su marido el ideal del Mal encarnado, entrevisto en la oscuridad de una prisión, ¿no quiere saber nada de ese hombre gordo y deforme? ¿Acaso cree más sensato, como pensaba unos momentos antes, retirarse a un convento para orar a distancia, no por la salvación de su marido, como le sugería una piadosa amiga, sino para que continúe su carrera de demiurgo maldito que Dios le ha hecho seguir? ¿O es que, simplemente, le ha tenido miedo, desde que los barrotes ya no la separan de él? El misterio se hace más denso que antes sobre Madame de Sade.

Con *El mar de la Fertilidad* todo cambia. En primer lugar, el ritmo. Las novelas que hemos entrevisto se desgranan entre 1954 y 1965; la elaboración de los cuatro volúmenes de la tetralogía se condensa entre los años fatales de 1965 y 1970. La leyenda, si es que se puede hablar ya de leyenda, asegura que las últimas páginas de *El ángel en descomposición* fueron escritas por Mishima la mañana misma del 25 de noviembre de 1970; es decir, pocas horas antes de su muerte. Este hecho ha sido negado: un biógrafo afirma que la novela fue terminada en Shimoda, playa en la que el escritor pasaba cada año el mes de agosto, con su mujer y sus dos hijos. Pero terminar la última página de un libro no es necesariamente acabar éste: un libro se acaba el día en que es metido en un sobre con el nombre del editor, que es lo que hizo Mishima la mañana de aquel 25 de noviembre, momento en el que una obra sale definitivamente de la placenta vital en la que se elaboran los libros. Aunque las últimas páginas no fueran escritas, o al menos retocadas, aquella mañana, testimonian, no obstante, un último estado de ánimo que, por otra parte, es muy anterior a las vacaciones en Shimoda, durante las cuales fue fijada al parecer la fecha del suicidio ritual o, dicho de otro modo, del *seppuku*. Todo *El mar de la Fertilidad* es un testamento. Su título, en primer lugar, demuestra que aquel hombre tan violentamente vivo había puesto una distancia entre él y la vida. El título está tomado de la antigua selenografía de los astrólogos-astrónomos de la época de Kepler y de Tycho Brahe. "El mar de la Fertilidad" fue el nombre dado a la vasta llanura visible en el centro del globo lunar, y de la que hoy sabemos que es, como todo nuestro satélite, un desierto sin vida, sin agua y sin aire. No se puede indicar mejor desde el principio que, de esa efervescencia que agita de cuando en cuando a cuatro generaciones sucesivas, y que da origen a tantas maniobras y contramaniobras, a tantos falsos éxitos y auténticos desastres, lo que finalmente surge es Nada, la Nada. Queda por saber si esa nada, que tal vez se aproxima a la *Nada* de los místicos españoles, coincide totalmente con lo que nosotros llamamos en francés "nada".

En segundo lugar, y lo que casi es más importante todavía, la composición y el estilo han cambiado. En lugar de obras nacidas separadamente de la imaginación del autor, cualesquiera que fuesen las relaciones que se pudiesen ver entre ellas, ahora son cuatro volúmenes que componen una serie, evidentemente dirigida desde el principio hacia ciertos fines. En lugar de una prosa semejante a la de un escritor occidental, inspirada de ese modo y escrita con el estilo relajado de *Colores prohibidos,* con el subjetivismo de *Confesiones de una máscara,* con el sobrio equilibrio de *El tumulto de las olas,* con la lujuriante forma de *El pabellón de Oro* o con el seco tono de *El marino,* nos encontramos ahora ante un estilo desnudo, casi llano, contenido hasta en los momentos de lirismo, estriado con grietas destinadas, al parecer, a hacernos tropezar intencionadamente. Incluso en la excelente traducción inglesa, las soluciones de continuidad desconciertan, y quizá también en el original dejen perplejo al lector. Las perspectivas de la pintura europea son sustituidas por los panoramas vistos desde arriba de la pintura china, o por las del dibujo extendido en plano de las estampas japonesas, en las que unas franjas horizontales, que representan convencionalmente invasores estratos nubosos, cortan los objetos y segmentan el espacio. Como ocurre con toda escritura o todo pensamiento voluntarioso, el libro irrita o decepciona tanto que no se acepta la originalidad de la obra tal como es.

A esos defectos o a esas cualidades específicas, se suman unos defectos a secas. No es raro que un escritor (la correspondencia de Mann con el escritor Karl Kerenyi da fe de ello) recurra a unos manuales para levantar el segundo plano de su obra, pero casi siempre intenta revestir esos datos prefabricados con su estilo propio. Aquí, por el contrario, unas pesadas informaciones sobre los principios de la ley natural, estudiados por Honda en su condición de joven legista, o sobre el budismo, o sobre la creencia en la reencarnación en las diferentes épocas de la historia, interrumpen el relato en vez de formar cuerpo con él; ni siquiera han sido repensadas o revividas.[1]

Nos asombra que Mishima, ayer todavía estudiante de Derecho, no haya recurrido a sus propios recuerdos para describir la formación mental de Honda; nos sorprendería menos que un japonés nacido en 1925 estuviese poco al corriente de la teología búdica, lo mismo que un francés de los mismos años podría estarlo del catolicismo. Pero

---

[1] Al parecer, las emociones religiosas innatas en Mishima son de tipo shinto. En *Caballos desbocados*, la descripción del rito adivinatorio realizado por los samurais antes de ir a suicidarse en masa es una de sus más bellas páginas. Recordemos a Honda añorando la pura simplicidad de los ritos shinto en el seno de la India terrible y divina: "Deseaba nostálgicamente el frescor de un poco de agua japonesa sacada de un pozo." En el mismo sentido se orienta la descripción de un grupo de aficionados a la *dolce vita* que visitan como turistas un templo shinto tras una noche de desenfreno. En algunos momentos, el propio Mishima parece aceptar la noción de algunos maestros

El Pabellón de Oro había demostrado que Mishima tenía un conocimiento casi meticuloso de las prácticas del budismo y su capacidad para hacer suyas algunas de esas técnicas de contemplación. Por consiguiente, no es fácil explicarse la primaria y pesada presentación del budismo a lo largo de los tres primeros volúmenes de la tetralogía. Todo sucede como si el autor, apremiado por el deseo de acabar con su obra y con su vida, hubiese lanzado desordenadamente las explicaciones necesarias para el lector, ya que no para él mismo.

Nieve en primavera, el primer volumen de la tetralogía, se inicia con una larga mirada a una fotografía, reciente aún cuando los dos adolescen-

---

del shinto, que reprochaban al budismo el hecho de haber desvirilizado el alma japonesa. Reproche absurdo, porque el Japón es el único país donde el budismo, en su forma Zen, se ha avenido a servir de método al guerrero del *Bushido*. Poco a poco, las grandes nociones búdicas del desapego, de la impermanencia y del vacío adquieren más espacio en él; pero, al parecer, la compasión búdica está ausente hasta el final. Mishima ha querido ser duro.

No obstante, recordemos que, en algunos escritores considerados "crueles", el hecho mismo de escribir implica un acto de compasión que no necesita ser exhalado inmediatamente en interjecciones. Flaubert describe con una frialdad clínica la muerte de Emma Bovary; pero nosotros sabemos que la compadece e incluso que, al identificarse con ella, la ama.

tes, Honda y Kioyaki, se inclinan sobre ella, pero que un día le parecerá a Honda tan fantasmal y profética como lo es para nosotros. Una explanada alrededor de un altar a cielo abierto y unas tropas amontonadas a centenares a ambos lados: nada más que un momento de la guerra ruso-japonesa, ya terminada en la época en que comienza el libro, pero en la que han muerto los tíos de Kioyaki y que iniciará la ascensión de un imperialismo destinado a llevar al Japón al Manchukuo, a la guerra del Pacífico, a Hiroshima y, finalmente, al agresivo imperialismo industrial de un nuevo período de paz; es decir, a los japones sucesivos en que se mueven y que encarnan los personajes de esta larga novela. Una fotografía de tonos rojizos, típica de las que se tomaban a principios de siglo y cuyo tono de tormenta y de eclipse parece hacer juego con los fantasmas. Fantasmas que ya son, o lo serán un día u otro, estos soldados firmes en este aura rosácea, aunque no hayan caído mientras tanto en el campo de batalla, mucho antes de que se acabe la larga vida del que es, en aquel momento, el adolescente Honda; y el culto de la dinastía solar que se celebra sobre aquel altar acabará también antes que algunos de ellos. Pero, en 1912, Kioyaki y Honda se sienten tan indiferentes ante esta imagen de una guerra victoriosa como el propio Mishima se sentirá en 1945 en presencia de una guerra perdida. No participan en ella, como tampoco lo hacen en los rugidos del *kendo,* ni dejan que se adentren en ellos las admoniciones patrióticas de la Escuela de los Pares. No porque estos estudiantes bien provistos sean unos rebeldes propiamente dichos, sino porque están en la edad en que, tal vez por fortuna, un capullo de sueños, de emociones y de ambiciones personales envuelve a la mayoría de los seres jóvenes y amortigua para ellos los choques de la actualidad. Durante todo el libro, Honda, buen camarada, alumno empollón, aparecerá como la sombra gris del novelero Kioyaki. En realidad, él es el ojo que ve. Entre Kioyaki y Satoko, el amante y la amante que él se afana en servir, Honda inicia con toda inocencia su papel de futuro mirón. Estos dos muchachos reflexivos no sólo están poco marcados por los decisivos hechos de su época, sino que también se dicen melancólicamente que la historia, que sólo tiene en cuenta algunos grandes nombres, les confundirá un día con la multitud de los que no han pensado ni soñado como ellos. Por todas partes, indescifrables como siempre en el único momento en que podrían ser útiles, abundan los presagios a su alrededor: las tortugas atrapadas y ocultas en el lodo del estanque del parque de los Matsugae, el animalillo muerto cerca de un campo de deportes del colegio, el perro reventado aprisionado por las rocas de la cascada artificial que la marquesa muestra a sus visitantes y sobre la cual ora una abadesa búdica exageradamente diserta. Dentro de este chorro de apariencias se sitúa el diario de sus sueños llevado por Kioyaki Matsugae, algunos de los cuales se realizarán, sin dejar de ser sueños, después de la muerte del muchacho. Entre Honda, que vivirá ochenta años, y Kioyaki, que morirá a los veinte, la diferencia de experiencias se mostrará, a la larga, inexistente: la vida del uno se desmigajará como se ha disipado la vida del otro.

En torno a estas dos juventudes, una sociedad ya intensamente occidentalizada, pero a la inglesa y en las clases altas. La americanización de las masas todavía está lejos, y París se resume, para el marqués Matsugae y el conde Ayakura, en las olas de champaña en que se remojan las bañistas de las Folies Bergère. El padre de Honda, hombre de leyes, vive en una casa tapizada de obras europeas de jurisprudencia. Los Matsugae han adosado a su elegante estancia japonesa una suntuosa casa occidental; los hombres y las mujeres se separan después de las cenas, a la manera victoriana; y con ocasión de la fiesta de los cerezos, un abrumador programa de recepciones incluye unas geishas, una película inglesa con un tema de Dickens y una comida monumental cuyo menú, redactado en francés, termina con una crema al caramelo. Los Matsugae, nobles nuevos, han confiado a Kioyaki a los Ayakura, aristócratas empobrecidos, para iniciarle en los modales cortesanos. Es vestido con calzones de terciopelo y con una blusa de cuello de encaje, ropa con la que el niño llevará en una ceremonia la cola de una princesa. Pero su primera emoción erótica será típicamente japonesa, y tal como la sintieron los Utamaro y los Eisen de las estampas: una nuca femenina advertida a través del broche del kimono, tan emocionante allí como lo es para los pintores europeos el nacimiento de los senos.

Alrededor de Satoko, la compañera de juegos y de estudios que se convierte poco a poco en amante, flota a pesar de todo una atmósfera del Nipón antiguo. No lejos del palacio familiar, vetusto y casi rústico, comenzamos a ver, en la parte baja de una callejuela, el humilde edificio de dos pisos, mitad burdel, mitad alojamiento barato para los oficiales de un cuartel muy próximo, regentado por un hombre ya de edad. Es allí, en un día de lluvia, donde el conde Ayakura hojeará uno de esos rollos de pinturas antiguas, en las que la afición al erotismo y a lo burlesco llevado hasta lo siniestro por un lado y por el otro al desdén búdico por el espejismo de la carnalidad, se alían para pintar los suburbios de un infierno carnal. Y es allí donde, excitado por esas imágenes, gozará de los encantos muy abanicados de la vieja geisha encargada de educar a su hijita y dará a su servil compañera unos extraños consejos paternales sobre la educación de la niña todavía impúber, y a quien él trata de enseñar, no sólo —receta trivial— a parecer virgen cuando ya no lo sea, sino también, por si acaso algún seductor se vanagloria de haber sido el primero en poseerla, a no parecer virgen cuando todavía lo es. Más adelante, cuando Kioyaki, después de un baile de vacilaciones, de escapatorias y de mentiras, quiere casi sacrílegamente a esa muchacha, ahora prometida de un príncipe imperial, es en ese lugar donde ella se entrega a él sobre un desconcierto de cinturones desenrollados y de telas arrojadas al suelo. El autor ha pretendido hacer el equivalente de un *shunga*, "pintura primaveral" o, dicho de otro modo, una estampa erótica de la gran época. Y lo ha conseguido plenamente.

La vida en la Escuela de los Pares sólo está envuelta en un vago contorno. No aparece ningún condiscípulo, salvo en una breve visita a un alumno inválido que lee a Leopardi y en el que reconocemos, en una segunda versión, pero más conmovedora, al patizambo de *El pabellón de Oro*. La trivialidad de la vida social y mundana es tanta que el autor no se esfuerza, como es tradicional en Francia, y constante en Proust, en razonarla con un poco de gracia y con ironía. En cierto modo, reduce a la nada su insipidez total. Las vacaciones durante las cuales Kioyaki hace los honores de la villa de sus padres a dos jóvenes siameses, condiscípulos suyos, participan también de la misma insignificancia y el lector no advierte hasta qué punto va a contar después este episodio casi nulo en la economía del libro. Pero debajo de esta superficie de amenidades triviales, el joven amor prosigue su carrera hacia el desastre. Kioyaki persuade a la muchacha para que venga a la playa a pasar la noche con él, ofreciéndonos así, en el luminoso claro de luna, la imagen de los amantes desnudos, acostados en la breve sombra de la obra viva de una embarcación amarrada en la playa, y su sensación de navegar por alta mar con la lancha, que parece arrastrarlos aguas adentro. Después de ese momento en que la vida, con su exultación y su plenitud, es sentida a pesar de todo como lo que es, un perpetuo punto de partida, Honda, que ha traído a Satoko a su cita, se la lleva en ese medio de locomoción, raro todavía, que es el automóvil, y sólo verá a su lado a una muchacha vestida de piqué blanco, a la europea, quitándose discretamente los zapatos para sacar la arena que ha quedado dentro de ellos.

La nieve de primavera que penetraba por el toldo de un arcaico vehículo arrastrado por dos hombres, en el que antaño paseaban el muchacho y la joven por los suburbios de Tokyo, sólo dejaba en sus rostros y en sus manos una especie de blanda y húmeda frescura. Pero la nieve se convierte de benéfica en nefasta. Cuando la familia decide que aborte Satoko, todavía destinada a un príncipe de sangre, la muchacha aprovecha los días pasados en un monasterio de los alrededores de Nara, a donde su madre la conduce con el fin de disimular su estancia en una clínica cercana, para cortar su abundante cabellera y pedir la tonsura de las monjas budistas. Por primera vez, su afeitado cráneo siente el vivo frío del aire otoñal; sus hermosas trenzas se arrastran por el suelo, recordando al lector los cinturones desabrochados del amor, y adquieren casi inmediatamente el repugnante aspecto de las cosas muertas. Pero la familia no se desanima por tan poca cosa. Sólo es cuestión de averiguar cuándo y por quién se hará, con el mayor secreto, la peluca, o más bien las dos pelucas, una japonesa y la otra europea, que usará Satoko durante los festejos de su boda. Mientras prosigue ese fútil parloteo, a puerta cerrada, en un salón de Tokyo, Satoko ha franqueado un umbral. Todo sucede como si la satisfacción obtenida de una vez para siempre, el desgarramiento sufrido hasta en sus vísceras, el obligado adiós dado a Kioyaki en presencia de unos padres mundanos hasta el fin, hubiesen consumado una total ruptura. No sólo renuncia a su amante, sino también a sí misma. "Ya hay bastantes adioses." Pero Kioyaki, vigilado de cerca por los suyos, espoleado por el amor desde que éste se ha convertido en amor imposible, abandona Tokyo gracias al poco dinero que le ha prestado Honda, llega a una mísera posada próxima a Nara, y anda y desanda a pie, bajo la nieve de un final de otoño, la agotadora pendiente que conduce al monasterio. Cada una de las veces se le niega la entrada y cada una de las veces se obstina en ir a pie, rechazando los ofrecimientos de un vehículo, supersticiosamente seguro de que cuanto mayor sea el esfuerzo exigido a sus pulmones sacudidos por una mala tos, más grande será la posibilidad de volver a ver a aquella Satoko, a la que en principio sólo amó un poco y después locamente.

Finalmente vencido por la enfermedad en una pobre habitación de la posada, hace llamar a Honda; y los padres de éste le permiten reunirse con su amigo a pesar de los próximos exámenes, aunque sólo sea para enseñarle que un favor hecho a un compañero es más importante que las preocupaciones y las obligaciones de una carrera. Honda, encargado del papel de suplicante y de intérprete, sube a su vez por la colina nevada, pero sólo será recibido para oír el *no* definitivo de la abadesa, aunque ese *no* rompa el último hilo que unía a Kioyaki con la vida. Kioyaki y Honda toman el expreso para Tokyo, y Honda, en el vagón Pullman, con su eterno manual de jurisprudencia en la mano, iluminado por la luz de una débil lámpara, se inclina lo suficiente sobre su febril amigo para oírle susurrar que algún día se volverán a ver "bajo una cascada". Nada hay más frecuente en la literatura e incluso en la conversación japonesa que esas alusiones al árbol a cuya sombra se han sentado una vez, al agua que han bebido juntos en el transcurso de otra existencia. Aquí parece ser que la cascada, esa cascada cuya imagen nos ofrece con frecuencia la antigua pintura japonesa, vertical, con los chorros tensos como las cuerdas de un instrumento musical o de un arco, no solamente es la cascada artificial de Matsugae, ni siquiera esa otra, más sagrada, que Honda verá un día, sino la vida misma.

Para el lector medio, el escollo, pero también (por razones que luego se verán) la atrayente virtud de esta tetralogía, radica en la noción de reencarnación que subyace en toda la obra. Pero, ante todo, será necesario que nos entendamos. Eliminemos, para comenzar, las supersticiones populares a las que Mishima, desgraciadamente, ha concedido un amplio espacio, quizá porque el procedimiento le parecía cómodo o tal vez porque esas supersticiones comunes en el Japón tradicional no incomodan ya allí más de lo que incomodarían a un lector europeo la alusión a un martes trece o a un salero volcado. La insistencia a lo largo de los cuatro volúmenes de *El mar de la Fertilidad*, sobre los tres lunares que marcan en el mismo lugar la epidermis pálida de Kioyaki, la piel bronceada de Isao y la dorada piel de la princesa tailandesa, más que convencer, irritan.[2] Uno acaba preguntándose si

___

[2] Los relatos japoneses de Lafcadio Hearn contienen unos ejemplos de casos de reencarnación confirmados por una marca corporal, que parecen indicar que esa clase de folklore era corriente en el Japón del siglo XIX.

no habrá en ello una especie de oscuro excitante sensual, tanto cuando el odioso preceptor de Kioyaki niega haber visto esa señal "porque no se atrevía a fijar sus ojos en el cuerpo de su joven amo", como cuando, por el contrario, Honda la busca indiscretamente en la cadera desnuda de la exótica princesa. La simplificación de los dogmas molesta todavía más que esos residuos de folklore. Demuestra una ignorancia de las religiones dentro de las cuales se ha crecido que, en nuestra época sólo es, ciertamente, japonesa. La teoría de la reencarnación, sobre la cual comienza a instruirse Honda cuando se siente invadido y como ahogado por lo que parece su viva evidencia, sólo figura en el segundo volumen en forma de no se sabe qué resumen escolar que cita en batiburrillo a Pitágoras, a Empédocles y a Campanella. En realidad, sobre ese punto como sobre tantos otros, el budismo es de una sutileza tan grande que las mismas doctrinas son difíciles de aprehender, y más difíciles todavía de conservar en la mente sin hacerlas sufrir, inconscientemente, esa transformación que en seguida infligimos a las ideas demasiado alejadas de las nuestras.

Hasta el hinduismo, que sin embargo sitúa en el centro de cada individuo la realidad del Ser, insiste en la fórmula "Sólo el Señor transmigra", y al mismo tiempo, la individualidad a que tanto nos atenemos se deshilacha como un vestido. Con el budismo, que ignora o niega el Ser, y que sólo constata el tránsito, la noción de reencarnación se sutiliza todavía más. Si todo es tránsito, los elementos transitoriamente subsistentes apenas son otra cosa que unas fuerzas que, por decirlo de algún modo, han atravesado el individuo, y que, por una ley parecida a grandes rasgos a la de la conservación de la energía, subsisten, al menos hasta que la energía misma sea *aniquilada*. Lo que perdura es, a lo sumo, un residuo de experiencia, una predisposición, un aglutinamiento más o menos duradero de moléculas o, si se prefiere, un campo magnético. Nada se pierde por completo de esas vibraciones: entran de nuevo en el *Alaya* del mundo, la reserva de los hechos, o más bien de las sensaciones experimentadas, del mismo modo que el Himalaya es la reserva de las blancuras invernales casi eternas. De igual manera que Heráclito no se bañaba dos veces en el mismo río, nosotros no tenemos dos veces en nuestros brazos —donde por lo demás se funde como un copo de nieve— el mismo átomo humano que ha existido. Otra imagen, muy trillada, es la de la llama que pasa de cirio en cirio, impersonal, pero nutrida de su individual carne de cera.

Cualesquiera que fuesen, en ese aspecto, las creencias de Mishima, o la ausencia de éstas, percibimos que, aunque Kioyaki no sea Isao, y ni el uno ni el otro sean la princesa siamesa, los atraviesa una especie de pulsión que es la vida misma, o tal vez, simplemente, la juventud encarnada sucesivamente en la más ardiente, en la más dura, en la más seductora de las formas. Más profundamente, más subjetivamente también, nos sentimos ante un fenómeno comparable al del amor, aunque, hablando propiamente, no se puede dar el nombre de amor al afecto total de Honda con respecto a los dos hombres, donde, si había algo parecido a las emociones del amor, el autor no nos lo dice. Por otra parte, la oscura necesidad que le hace desear poseer, o más bien *ver*, a la joven siamesa, quizá se parece todavía menos al amor. Pero en los tres casos, el prodigio amoroso por excelencia se produce: por el efecto de un mecanismo mental común a todos nosotros, los padres de Honda, sus condiscípulos, su mujer, sus colegas, los inculpados sobre los cuales disponía, en tanto que juez, de un derecho de vida o muerte, los millones de transeúntes que encontraba en las calles o en los tranvías de Tokyo y de Osaka, sólo han existido para él como percibidos y sentidos en unos grados de indiferencia casi completa, de vaga antipatía o de blanda benevolencia, y de una atención más o menos distraída. Como si los mediocres objetos en que se detienen sus miradas de contemplador no fuesen *personas*. Nada más que tres veces en su caso —porque Satoko sólo queda dentro del círculo porque Kioyaki la ha amado—, tres seres vivirán para él con esa intensidad que es la de todas las criaturas vivas, pero que nosotros apenas percibimos a no ser en aquellos que, por una u otra razón, nos han impresionado. Se ha formado una serie de personas diferentes las unas de las otras, pero que sin embargo están unidas, incomprensiblemente, por la elección que de ellas hemos hecho.

Caballos desbocados, el segundo volumen de la tetralogía, se abre sobre la sombría existencia de un Honda de alrededor de los cuarenta años, tan anodino y tan neutro que hasta el adjetivo "sombrío" parece exagerado. Situado, no obstante, desde el punto de vista social, porque este juez, joven para ser juez, tiene su puesto en el tribunal de Osaka y una dócil esposa, un poco enfermiza, que lleva a la perfección un muy discreto hogar y que se contenta sin más, casi anormalmente, con lo que él es y con lo que él tiene. Pero una extraña imagen simbólica aparece muy al principio de esta presentación de una vida como otra cualquiera: un día de ociosidad, casi sin darse cuenta de ello, cuando oye en la prisión contigua al tribunal el ruido de una trampa que se abre bajo los pies de un condenado ("¿Por qué han puesto la horca tan cerca de nuestro despacho?"), Honda obtiene la llave de una torre de construcción reciente, como vaciada por dentro, que un arquitecto ambicioso ha añadido, probablemente para realzar su prestigio, al palacio de justicia a la europea. Una polvorienta y un tanto precaria escalera de caracol lo conduce a la cúspide, donde, por otra parte, no hallará más que una vulgar vista de ciudad en tiempo gris. Pero, desde esas primeras páginas, un *leitmotiv* entra, de una manera lancinante, en nuestro aparato auditivo: esta ascensión sin objeto nos recuerda la ascensión valerosa e inútil de Honda hacia el monasterio, sus pasos siguiendo sobre la nieve las huellas de Kioyaki. No podemos evitar el recuerdo de Proust, que advertía en Stendhal ese mismo tema de la altura: la del campanario del abate Blanès, la de la fortaleza en que Fabrice está encerrado o la de la que servirá de prisión a Julien Sorel. Y muy pronto, en efecto, se producirá una nueva ascensión, sentida por este hombre curioso de todo como sólo digna de un interés mitigado, puesto que se trata de una colina sagrada y él no tiene fe.

El presidente del tribunal ha rogado a Honda que le represente en un torneo de *kendo* celebrado en un templo shinto en honor del "Dios salvaje". Y el magistrado casi cuadragenario acepta sin entusiasmo y asiste a uno de esos alardes violentos que antaño tanto detestaba. Ese día, el deslumbrante juego de un joven kendoísta, con su tradicional ropa negra y el rostro enmascarado con una rejilla, despierta el interés del tibio espectador. El juez volverá a ver a Isao, puesto que de Isao se trata, por la tarde de la misma tórrida jornada, desnudo bajo una cascada, ocupado en realizar las abluciones rituales en el transcurso de la ascensión a la colina santa. Honda, invadido por el recuerdo de Kioyaki, no duda en reconocer en este joven atleta, bello solamente por el vigor y por la sencillez de la juventud, al delicado Kioyaki, muerto hace veinte años: todo ocurre como si el ardor del uno se hubiera convertido en la fuerza del otro.

Esta convicción absurda, nacida de una emoción subjetiva, lo arrastra como una ola; saldrá de su noche en el hotel de Nara transformado en todas sus fibras de hombre razonable y de juez. Muy pronto, sus colegas, al no ver ya al magistrado diligente y perspicaz de antes, lo supondrán, como suele ocurrir, metido para su mayor detrimento en alguna trivial aventura amorosa. Muy pronto también, en un gesto de abnegación que le parece muy sencillo, Honda renuncia a la magistratura para inscribirse de nuevo en el colegio de abogados de Tokyo y tener así la posibilidad de defender a Isao, convicto de haber conspirado contra los miembros del "establecimiento" industrial, el *Zaibatsu,* y de haber premeditado la muerte de una docena de ellos. Honda obtendrá la absolución del muchacho, pero no lo salvará por ello, puesto que Isao, en cuanto es puesto en libertad, hará realidad por lo menos uno de sus proyectos de asesinato e, inmediatamente después, el suicidio ritual que constituía parte de su plan.

Tal vez es en este duro libro donde se encuentra el más extraño y el más tierno pasaje de toda la obra. En sus esfuerzos para preparar su golpe, Isao ha buscado apoyo entre los militares, especialmente en un oficial que vive en la vieja casucha del final de la callejuela, cerca de su cuartel. Este hombre le ha presentado a su jefe, el príncipe imperial en otro tiempo prometido a Satoko. En un instante, apenas advertido a través del alcohol, de los cigarrillos y de las cortesías de costumbre, se han producido un descenso de temperatura, un retroceso inexplicable en los que el autor apenas insiste. Pero, al entrar en el jardincillo de la vieja casucha, al fondo de la pendiente de la callejuela, el duro Isao, nunca rozado por ninguna emoción de esa clase, siente bruscamente un desfallecimiento de placer, como si algo del gozo sentido allí por Kioyaki al poseer a Satoko hubiese penetrado en él a través del tiempo. No volverá a pensar en ello e ignorará siempre la causa. Pero todos lo traicionan: el oficial que, en el momento del peligro, hace que lo trasladen al Manchukuo; el príncipe, que teme que su nombre sea divulgado; la muchacha, brillante y mundana poetisa, por la cual siente un vago afecto y a la que considera la mascota del grupo, pero que en el proceso miente para exculparlo, sin darse cuenta de que sus mentiras rebajan al muchacho a la condición de un veleidoso y lo deshonran ante sus aliados. Isao también es abandonado por un antiguo estudiante, ayudante de su padre, que sólo era un agente provocador; y por su propio padre, fanático de derecha, que dirige un pequeño colegio de acuerdo con los mejores principios de lealtad dinástica, pero que es subvencionado de hecho por esos miembros del *Zaibatsu* que Isao quiere destruir como nefastos a la vez para el Japón y para el Emperador. Durante el proceso, el número y las fechas de los conciliábulos del muchacho con el oficial trasladado en seguida al Manchukuo, adquieren una gran importancia para la acusación. El viejo encargado de la casucha es convocado para ver si identifica a Isao en el banquillo de los acusados. El anciano, muy quebrantado, apoyado en un bastón, se acerca al muchacho, lo examina y responde con su voz cascada: "Sí, vino a mi casa con una mujer hace veinte años". Veinte años es la edad de Isao: el pobre viejo chocho sale de la sala entre las risas del público. Sólo la mano de Honda, sentado en el banco de los abogados, ha temblado sobre las hojas extendidas ante él. Aquel viejo tan próximo a la muerte ha sentido como un solo calor dos juventudes ardientes.

Sea cual fuese su valor psicológico, o metafísico, vemos ya cómo esa noción de la transmigración permite a Mishima presentar al Japón, entre 1912 y 1970, desde un nuevo ángulo. Todas las grandes novelas que abarcan cuatro generaciones sucesivas (Los *Buddenbrook* de Thomas Mann es probablemente la más lograda) toman como base la familia, y como modelos a una serie de seres brillantes o mediocres, pero todos unidos por la sangre o por las alianzas y funcionando dentro del mismo grupo genético. En Mishima, esos resurgimientos sucesivos autorizan el brusco cambio de un plano a otro, y lo que antes era tangencial se encuentra después situado en el centro. Isao es hijo del innoble Iinuma, preceptor en casa de los Matsugae, y de una criada de la misma casa. En *El Templo del Alba*, tercer volumen de la tetralogía y mucho más difícil de juzgar, la aparición de Ying Chan, la princesita siamesa, ha sido preparada desde tiempo atrás por la historia bastante apagada de los dos príncipes siameses, amigos de Kioyaki, y por el incidente de la sortija con una esmeralda engastada, perdida, o quizá robada, a uno de ellos. En su *Diario de sueños,* Kioyaki incluyó uno en el que llevaba en el dedo aquella piedra y contemplaba en ella un rostro de muchacha con la frente ceñida por una tiara. La esmeralda, recuperada después de la guerra en casa de un anticuario arruinado, es entregada por Honda a Ying Chan, convertida en estudiante de Tokyo, y después resultará calcinada en el incendio de la lujosa villa del viejo abogado, ahora rico consejero de uno de los poderosos trusts de aquel *Zaibatsu* contra el cual había luchado Isao. Después de esta conflagración burguesa, pero que recuerda mucho a las hogueras que Honda contempló en Benarés poco antes de la guerra del Pacífico, ya apenas se vuelve a hablar de Chan. Nos enteramos por casualidad de su muerte en su país natal y en una fecha imprecisa. Pero Chan, hija de uno de los príncipes acogidos antaño por Kioyaki, reaparece asimismo, casi míticamente, en la novia de uno de los dos jóvenes y en la hermana del otro, muerta también muy joven.

Por otra parte, el duro y virgen Isao sueña en la cárcel con una joven desconocida que dormita un día de agobiante calor y que recuerda un poco, aunque sólo sea por la emoción que le causa, a Makiko, la muchacha que pronto va a traicionarlo. Después, en uno de esos bruscos cambios de clave habituales en los sueños, es él mismo quien se siente mujer. Le parece que su visión del mundo se estrecha, que deja de hacer grandes planes abstractos para entrar en contacto más blandamente, más íntimamente, con las cosas, y que en lugar de penetrar en esa joven desconocida, se convierte en ella, mientras que su placer nace de esta metamorfosis. Honda no ignora tampoco que, poco antes de su muerte, Isao, que por primera vez se ha emborrachado, por asco a ese cenagal de corrupción y de falsos testimonios en el que se ve atrapado, ha murmurado alguna cosa, en su sueño de ebrio, sobre un cálido país del sur y sobre una nueva aurora.

Por lo tanto, en 1939, cuando un viaje de negocios lo conduce a Bangkok, Honda no se sorprende cuando una princesita de seis años se aferra a él llorando, pretendiendo ser japonesa y pidiendo que el extranjero se la lleve. Escena increíble para cualquier lector europeo, o simplemente "moderno", y, al parecer, torpemente subrayada. Sin embargo, no hemos de olvidar que algunos serios especialistas en investigaciones parapsíquicas,[3] como por ejemplo Ian Stevenson,[4] afirman que es en las divagaciones de los niños pequeños donde mejor podemos encontrar las pistas que llevan hasta la vida, suponiendo, no obstante, que estas pistas existan y que nosotros podamos seguirlas. En todo caso, Chan se ajusta al modelo del parapsicólogo; olvida por completo ese antojo de niño o sólo lo recuerda por las vagas alusiones de las gobernantas. Llegada al Japón de postguerra en calidad de estudiante, el país no parece agradarle, pero los sentimientos intensos no son su fuerte.

La exquisita Chan, en la que Honda descubre, en un momento de lucidez, una sospecha de "irritante afectación china", lleva en Tokyo, aunque sin gran ímpetu, la vida disipada de los bue-

---

[3] El adjetivo "serio" plantea siempre un problema en estos casos. Pero guardémonos de oponer a los fenómenos parapsíquicos un *no* de cobardía o de inercia, tan convencional como el *sí* del creyente con respecto a unos dogmas que no puede ni demostrar ni explicar. Sólo una observación atenta puede aclarar en estos casos el "misterio", que se confunde con nuestra ignorancia.

[4] Ian Stevenson, M. D. *Twenty cases suggestive of reincarnation*, New York, Society for Psychical Research, 1966.

nos días de la ocupación americana y del dinero fácil. La muchacha rechaza los torpes avances del viejo Honda y evita en última instancia la violación que un muchacho del grupo quiere hacerle sufrir con la aprobación y a la vista del viejo. Más tarde, por una abertura sabiamente practicada en los estantes de una biblioteca, contemplará los juegos de Chan, "belleza frágil", con la "belleza fuerte", que es una experta y madura japonesa. Nos persiguen ahora unos símbolos nuevos, tan indescifrables como lo son en nuestros sueños: la sala de fiestas donde Keiko, la gran seductora, Honda, Chan y su joven y desenvuelto agresor cenan juntos en la oscuridad casi ritual en esa clase de lugares, y Honda, al cortar su bistec casi crudo y llevarlo a sus dientes postizos, ve chorrear sobre el plato una sangre que tiene color de noche. O también, en *Caballos desbocados,* aún más incomprensible y que conduce la mente hacia no se sabe dónde, el barrilito de ostras, llegado de Hiroshima, que Isao decide llevar a Makiko como regalo de despedida, y en el que chapotean y entrechocan dentro del recipiente lleno de agua negra unos moluscos prisioneros.

A partir de *El Templo del Alba,* Honda, observador y visionario, cae decididamente hasta el nivel de simple mirón. Evolución penosa, pero no demasiado extraña, porque esos miserables contactos de la mirada con la carne desnuda probablemente se convierten para el viejo en la única relación con el mundo de los sentidos, del cual ha permanecido alejado toda su vida, y con la realidad, que se le escapa cada vez más en su medio de hombre eminente y millonario. En *El marino que perdió la gracia del mar* ya figuraba un niño mirón que iniciaba un crimen; y no olvidemos el patético tratamiento que se da al mismo tema en *El Pabellón de Oro:* el futuro seminarista incendiario, acostado en la única pieza de las casas japonesas, siente agitarse el mosquitero y ve a su madre, tendida muy cerca, entregarse a un vago pariente que ha venido a pasar la noche. Pero el niño, que mira sin comprender, siente de pronto que un "muro de carne" se interpone entre sus ojos y el espectáculo: las manos de su padre, que también ha visto y no quiere que su hijo vea. Ahora, por el contrario, el tema del mirón está asociado a la impotencia y a la edad. Honda sueña en Bangkok que ve orinar a la niña; más adelante, sobre el terreno infestado de serpientes de su villa totalmente nueva, construye una piscina con la única esperanza de ver sumergirse en ella a una Chan lo más desvestida posible, y la inauguración nos proporciona una de esas escenas de inanidad mundana que tan bien hace Mishima; tan bien que parece tomar parte en ellas.

Un príncipe, vecino del campo, juega en el agua con un balón; una agria y riquísima abuela, vecina también, vigila desde el brocal a su rebaño de nietos; un literato de temas surrealistamente sádicos, exhibe su fofa anatomía al lado de la de una desagradable amante, literata también, que repite lloriqueando, a modo de excitante erótico, el nombre de su hijo muerto en la guerra. Probablemente, el "mironismo" se contagia como una gripe, porque Makiko, que en *Caballos desbocados* juraba en falso y mentía, tal vez por amor, contempla con mirada fría los apáticos retozos de esa pareja. Los fantasmas del canibalismo servidos al final de la comida por el escritor gorrón son como un eco innoble de los ensueños sangrientos del muchacho en las ya lejanas *Confesiones de una máscara*. Cuando la pareja, demasiado drogada para huir, perece en el incendio de la villa, es como si Mishima acumulase brasas ardientes sobre lo que él habría podido llegar a ser. Por su parte, Keiko, robusta compañera de Chan, tiene por amante a un fornido y elemental oficial norteamericano, que ayuda a servir los *cocktails* y a lavar las copas; y ella aprovecha estas relaciones para hacer sus compras en una tienda reservada a los ocupantes y conecta su electricidad con la del campamento de éstos. El último ruido que oiremos de Chan, ya de vuelta en su país y muerta por una mordedura de serpiente, será su tonta risita, como si esta inútil Eva hubiese jugado amorosamente con el reptil.

En *El Templo del Alba,* la vida fácil parece disgregar a los personajes, e incluso las intenciones del autor: al lado de ese Tokyo de placeres y negocios, el Tokyo devastado de 1945, entre cuyas ruinas había reencontrado Honda a la geisha casi centenaria, contenía aún algunos restos de esperanza. En el último volumen, *El ángel en descomposición,*[5] la esperanza, y con ella las sucesivas encarnaciones del refinamiento, del entusiasmo o de la belleza, ya han muerto. A veces incluso tenemos la sensación de ver los huesos secos y blancos perforar la podredumbre. El título, *Tennin Gosui,* evoca una leyenda del budismo según la cual los Tennin, que no son otra cosa que unas esencias divinas personificadas, unos Genios o unos Ángeles, en lugar de ser inmortales, o más bien eternos, están limitados a mil años de existencia en esa forma, después de los cuales ven cómo se mustian las flores de sus guirnaldas, cómo se deslustran sus joyas y sienten manar de sus cuerpos un sudor fétido.

Este Ángel, sea cual fuese el aspecto humano que aquí tome, se parece mucho al propio Japón, y,

---

[5] Véase nota 2 de la pág. 14.

por extensión, para nosotros los lectores, al símbolo de la catástrofe contemporánea donde ésta se produce. Pero reservemos estos comentarios. Un Honda muy envejecido hace lo que hace en nuestros días cualquier japonés que tiene medios para ello: viajar. Ya no existe aquel tiempo, todavía reciente, en que Honda se sentía en la India inglesa como un turista de segunda clase. Keiko, imponente septuagenaria que todavía encuentra aquí y allá algunas compañeras de placer, lo acompaña y se divierte viendo al vejestorio ligado aún al pasado por el objeto que menos podía esperarse: la tablilla funeraria de su mujer cuidadosamente colocada en su maleta, a pesar de que su mujer había contado muy poco para él.

Pero Honda ya no tiene su antiguo don de visionario.

Los dos viejos compañeros cenan juntos en las embajadas (es así como se enteran de la muerte de Chan) y degustan juntos su alcohol de la noche. Keiko se lleva a su viejo amigo en sus excursiones a los grandes lugares del antiguo Japón, por los cuales, con una especie de esnobismo al revés, parece interesarse ahora esta septuagenaria japonesa americanizada. Así llegan a la orilla del mar, al lugar en donde se sitúa la historia del *No* más famoso de todos, *Hagoromo,* y donde el Ángel del antiguo poema ejecutó para unos pescadores deslumbrados su danza de ángel antes de ascender de nuevo al cielo. Pero todo está podrido, los detritus cubren la arena; el venerable pino que vio la danza del ángel está seco en más de la mitad y muestra menos la corteza que el cemento vertido en las cicatrices de las ramas caídas. La calle que lleva a este lugar famoso es una especie de avenida de parque de atracciones, con tenderetes de feria, vendedores de *souvenirs* y fotógrafos que hacen posar a sus clientes en decorados falsos o burlescos. El correcto caballero y la dama vestida demasiado pintorescamente, a la americana, con pantalones de un buen sastre y tocada con sombrero de *cowboy*, van escoltados por una chiquillería admirativa que cree reconocer en ellos a antiguas estrellas de cine.

Al día siguiente los hallamos en una región costera dedicada a la producción masiva de fresas bajo unas campanas de plástico. Allí realiza Honda la penúltima de sus ascensiones simbólicas, en esta ocasión proporcionada a sus piernas de anciano. Al borde de una orilla contaminada por los desechos de unas mareas casi siniestras, ha sido construida una torre de vigía, desde la cual se avisa por teléfono a las autoridades portuarias de la llegada, del nombre, del tonelaje aproximado y de la nacionalidad de los barcos avistados todavía en alta mar. El jovencísimo funcionario que dirige su telescopio hacia los cargueros que se acercan a la costa, es un adolescente recién salido del liceo, huérfano de padre y madre, trabajador celoso, de ojos inteligentes y fríos, pero sobre cuyo rostro ve pasar Honda la indescifrable sonrisa de Chan, apenas perceptible, más reminiscencia que presencia. Sin embargo, esta vez el olfato del viejo lo traiciona. Honda *desea,* inconscientemente, que el milagro se reproduzca, pero ahora, unos vagos motivos interesados se mezclan a aquellos otros, puramente afectivos, de la antigua búsqueda y, por decirlo de algún modo, enredan los hilos. Como Honda es inmensamente rico, los hombres de negocios le aconsejan continuamente que no retrase mucho más tiempo la elección de un heredero. ¿Por qué no este muchacho disciplinado, trabajador y sin ninguna carga familiar?

A la hora del whisky, cuando participa a Keiko su decisión, ésta protesta. Y para demostrar a la mujer que no se trata, como ella parece creer, de un repentino deseo de anciano seducido por un muchacho, y menos aún de un puro y simple antojo, lentamente, torpemente, desenrolla ante ella ese tejido de sueños, y de hechos asociados a los sueños, que ha constituido en cierto modo el reverso secreto de su vida. Keiko es la más materialista y la menos imaginativa de las mujeres, pero hay algo en este relato que vence a su incredulidad, o que al menos le muestra por primera vez la pasada existencia de su viejo amigo (y tal vez incluso de cualquier vida humana) sobre otros terrenos y bajo otra luz. Por primera vez también, la informe realidad parece adquirir un sentido, por absurdo y delirante que sea. Las investigaciones de unos detectives privados atestiguan la absoluta honradez, las buenas costumbres y las buenas notas escolares del muchacho, que reparte su vida entre el trabajo y la lectura. Incluso resulta enternecedor el tiempo que dedica, por bondad sin duda, a una muchacha de su edad, casi privada de razón y cuya fealdad es el blanco de las bromas del pueblo. Toru —que ése es el nombre del muchacho— es adoptado, matriculado en la universidad de Tokyo, y adquiere el apellido de su padre adoptivo. Honda, imprudente por primera vez, descuida el hecho de que la fecha de nacimiento del muchacho, atestiguada únicamente por unos vecinos, es incierta, como también es incierta la fecha del fallecimiento de Chan. El adolescente, en cuyo costado, a través del ancho escote de su camisa, ha creído entrever Honda los tres lunares fatídicos, será definitivamente la última elección de su vida.

Toru es un monstruo, hecho más monstruoso todavía por su inhumana inteligencia. Este robot creado por una sociedad mecanizada sabrá aprovechar su oportunidad. Sin verdadera inclinación a instruirse, hace sus estudios; incluso acepta las lecciones de buenos modales que le da Honda, enseñándole a comportarse en la mesa al estilo europeo.[6] Pero el viejo sólo le inspira asco, desprecio y

---

[6] Es curioso advertir que, en los últimos tiempos de su vida, Mishima llevaba a su mujer y a su joven compañero Morita —que hizo con él un pacto de muerte, cumplido unos meses después— a cenar a un restaurante de Tokyo para enseñar a ésta el comportamiento europeo en la mesa. Y ahora nos encontramos con Honda, estricto con Toru en ese aspecto.

odio. Honda, por su parte, intuye los motivos de Toru, pero ya le falta la energía para deshacer lo que ha hecho. Durante un paseo por Yokohama, Toru siente la tentación de empujar al viejo, precariamente colocado en el borde de un muelle; sólo la prudencia se lo impide. Abusa brutalmente de las criadas de la casa; corta el bello arbusto que tanto amaba Honda; divulga las confidencias políticas de su preceptor, un comunista a quien Honda no habría confiado su hijo adoptivo si hubiese sabido sus opiniones. Lo mismo que Kioyaki escribía en otro tiempo a Satoko, antes de su amor y sin duda para hacerse valer, el relato de unas aventuras eróticas que no había tenido, Toru dicta a la desventurada tonta, ahora su prometida gracias a un arreglo hecho por Honda, una carta que ella escribe sin advertir que su contenido la deshonra, y con ella a la aburrida familia de magistrados de la que ha salido. Pero los fingimientos de ayer, no exentos de gracia, son reemplazados por la malignidad pura de hoy. Cuando el pesar y la soledad despiertan en Honda unas vagas necesidades sensuales, y el viejo mirón se deja coger durante una redada en un parque público, Toru organiza el escándalo y se aprovecha de él para exigir que el viejo, convertido en senil, sea puesto bajo tutela.

Algunas veces, cierto pensamiento cruza por la mente de Honda: los tres miembros del brillante linaje han muerto jóvenes; como Toru es otro eslabón de la cadena, ocurrirá lo mismo con él. Esta extraña idea, inspirada tal vez por una superstición popular japonesa, ayuda a Honda a tener paciencia, pero nada indica en Toru la menor posibilidad de morir a los veinte años. Probablemente, Honda se equivoca. "Los movimientos de los cuerpos celestes prosiguen lejos de él. Un leve error de cálculo había situado a Ying Chan y Honda en universos separados. Tres reencarnaciones habían llenado toda la vida de Honda (lo cual había sido una suerte inaudita), y después de haber lanzado su rayo de luz sobre su camino, habían partido en otro relámpago luminoso hacia algún rincón desconocido del cielo. Acaso un día, en alguna parte, Honda volvería a encontrar la centésima, la milésima, la cien millonésima encarnación." Como vemos, Honda se ha salido del tiempo; las generaciones y los siglos ya no cuentan. Ya está muy cerca de la liberación final.

Pero la liberación inmediata de Honda será el fruto de una decisión de Keiko. Como Kazu, en *Después del banquete,* sostiene con su dinero y con su energía a Noguchi, el político con quien se ha casado; como Satoko, en *Nieve en primavera,* toma la extrema decisión de retirarse del mundo, aun causando la muerte de Kioyaki; como Madame de Sade, en la obra de su nombre, hace caer el telón de este insoportable drama al rechazar a su marido, esta mundana amoral, pero inteligente, es una *dea ex machina*. Observamos en Mishima esa inclinación por las mujeres dotadas a la vez de sagacidad y de fuerza. Con el pretexto de una gran cena de Navidad a la que dice haber invitado a toda la elite de Tokyo, Keiko recibe a solas a Toru, que se ha hecho un smoking para la circunstancia. La cena de Navidad a la americana es servida para dos en el suntuoso comedor de Keiko, lleno de tapices de Aubusson: la vieja con un espléndido kimono y el joven ceñido en su ropa comparten esos alimentos extranjeros, comprados congelados o enlatados, símbolos culinarios de una fiesta litúrgica que para ellos no lo es. Después de la cena, Keiko relata a Toru lo que él ignoraba de la vida de Honda, y especialmente las razones de haberlo elegido a él.

Parecería lógico que esa extraordinaria fantasmagoría dejase indiferente a Toru, pero sucede lo contrario: el muchacho se impresiona con ella. Todo aquello que creía seguro —su adopción debida a sus cualidades reales y falsas, su fuerza para manipular las circunstancias— se derrumba como un castillo de naipes. Reclama pruebas de ello: Keiko le aconseja que le pida a Honda el diario de los sueños de Kioyaki, donde están consignados tantos incidentes y acontecimientos en principio futuros, después presentes y en seguida pasados. Toru quema ese diario, "porque él nunca ha soñado", e intenta al mismo tiempo suicidarse.

Para un hombre que, en el momento en que escribía todo esto, preparaba minuciosamente, a dos o tres meses de distancia, su propio *seppuku,* el suicidio fallido de Toru era, sin duda, la peor desgracia que podía infligir a su personaje. Ya al mostrarnos a Iinuma, que, después de haber abusado del whisky de Honda, exhibía a éste, bajo los pelos blancos de su pecho, la cicatriz de la cuchillada que se había dado después de la muerte de su hijo, sin dejar por ello de justificar su acto de delación, Mishima testimoniaba su repugnancia ante los suicidios caprichosos. Sin embargo, el lector se pregunta si la tentativa de suicidio, motivada en Toru por el pesar de no ser el arribista que triunfa por sus propios medios que él se imaginaba, no es el único título con que cuenta el ruin joven para pertenecer al ideal linaje del que Honda lo creía último representante. Mishima le niega esa prerrogativa, lo mismo que le niega, para lograr sus fines, el empleo viril de la hoja de un cuchillo. El agua fuerte que Toru ha tratado de ingerir, no lo mata; pero sus emanaciones lo dejan ciego, simbolismo que salta a la vista. En lo sucesivo, Honda vuelve a ser dueño de su casa y de su vida. Toru, en cambio, eliminado de su carrera de placer, de dinero y de éxito, privado por su ceguera de la capacidad de hacer daño, se queda inmóvil, confinado en el pabellón, del cual ya no quiere salir. Tiene por única compañía la demente de los horribles rasgos, pero estúpidamente segura de ser bella, a la que protegía tiempo atrás por su afán de reinar sobre un ser humano. Por añadidura, este monstruo hembra se ha vuelto obesa, y un embarazo la hincha más todavía. El Ángel podrido se abandona, se niega a cambiar las sábanas y la ropa, acostado todo el día, junto a la loca, durante el cálido verano, en la habitación apestada del olor a sudor y a flores marchitas. Honda, que va a echar sobre la pareja lo que será su última mirada, piensa con amargo placer que sus bienes propios, los bienes de un hombre con razón e inteligencia, serán entregados un día a unos imbéciles.

Porque Honda, octogenario, está enfermo: unos exámenes han descubierto un cáncer. Pero le queda un último deseo: el de ver otra vez a Satoko, con quien, sesenta años antes, después de la noche pasada por la muchacha en la playa con Kioyaki, compartió la intimidad del regreso en un coche, mientras Satoko le hablaba de sus amores sacando discretamente la arena de sus zapatos. Satoko es ahora abadesa del monasterio en que antaño tomó el hábito. Honda decide emplear sus últimas fuerzas en llegar allí. Antes de llegar a un hotel de Kioto, comprueba, durante el trayecto en automóvil, la pululación de construcciones baratas, los postes de televisión que destruyen el antiguo y puro paisaje, las estaciones de autobús al lado de pequeñas fábricas devoradas por el sol. Luego, en Nara, en aquel lugar preservado, reencuentra por un instante la antigua belleza nipona. Deja el coche al pie de la colina, a pesar de que la carretera llega ahora casi hasta la cima. Ésta será su última ascensión. Seguido por la mirada desaprobadora del chofer, el viejo comienza a subir por la dura senda bordeada de criptomerias, con el suelo estriado por las franjas blancas de sol y las bandas de sombra negra proyectadas por los troncos de los árboles. Agotado, se deja caer en cada banco. Pero algo le dice que conviene rehacer no solamente la ascensión que hizo antaño por Kioyaki bajo la nieve, sino también la subida tantas veces repetida del propio Kioyaki al cabo de sus fuerzas. Recibido en el monasterio con exquisita cortesía, pronto tiene ante él una Satoko octogenaria, pero conservada con una asombrosa juventud, a pesar de unas arrugas limpias y como lavadas. "Era su rostro de antaño, pero después de haber pasado del sol a la sombra. Aquellos sesenta años vividos por Honda en el intervalo sólo habían sido para ella el tiempo que hace falta para pasar del sol a la sombra."

Honda se enardece al hablarle de Kioyaki, pero la abadesa parece no conocer ese nombre. ¿Está sorda?[7] No, la abadesa repite que desconoce el nombre de Kioyaki Matsugae. Honda le reprocha esta negativa como una hipocresía.

---

[7] Un amigo europeo de Mishima me asegura que, poco tiempo antes de su muerte, éste lo condujo a Nara para visitar a la abadesa de un convento que estaba, efectivamente, muy sorda. Probablemente era el prototipo de la Satoko envejecida, y es posible que la sordera casi metafísica de la antigua enamorada haya sido inspirada por esa sordera real.

—No, señor Honda. Yo no he olvidado nada de los favores que he recibido en "el otro mundo". Pero me temo no haber oído nunca el nombre de Kioyaki Matsugae. ¿Está usted seguro de que esa persona ha existido?

—...Pero entonces ¿cómo nos conocimos nosotros? Y los Ayakura y los Matsugae probablemente han dejado documentos, archivos.

—Sí, unos documentos que podrían resolver todos los problemas en "el otro mundo". ¿Pero está usted seguro de haber conocido a alguien llamado Kioyaki? ¿Y puede asegurar que nosotros ya nos habíamos visto antes?

—¡Yo vine aquí hace sesenta años!

—La memoria es un espejo de fantasmas. Muestra a veces unos objetos demasiado lejanos para ser vistos, y otras veces los hace aparecer demasiado próximos.

—...Pero, si no existió Kioyaki, entonces no ha existido Isao. Ni Ying Chan. ¿Y quién sabe? Tal vez tampoco he existido yo mismo.

—Eso ha de decidirlo cada uno de nosotros, de acuerdo con su corazón —dice la abadesa.

Y después de despedirse de él, conduce al anciano hasta el patio interior del monasterio, abrasado de sol y cuyos muros sólo encierran un maravilloso cielo vacío. Así acaba *El mar de la Fertilidad.*

Lo que aquí nos importa es ver por qué caminos el Mishima brillante, adulado o, lo que viene a ser lo mismo, detestado por sus provocaciones y sus éxitos, se convierte poco a poco en el hombre decidido a morir. En realidad, esta investigación es inútil en parte: la inclinación hacia la muerte es frecuente en los seres dotados de avidez por la vida; encontramos huellas de ello desde sus primeros libros. Lo verdaderamente importante es aislar el momento en que Mishima consideró cierta clase de muerte e hizo de ella, como decíamos al principio de este ensayo, casi su obra maestra.

Se ha aducido la decepción de 1959, donde por primera vez una novela suya, a la que él concedía un gran valor, *La casa de Kyo,* conoció el fracaso. Pero para un escritor tan lleno de obras y de proyectos, eso es lo que el viento se llevó. Después, mucho después para la cuestión que nos ocupa, justamente un año antes de su muerte, se tendrá en cuenta el desengaño de ver que el premio Nobel, que él esperaba, va a manos de su amigo y maestro, el anciano y gran escritor Kawabata, totalmente dedicado a pintar, con un impresionismo exquisito, los aspectos del Japón que conservan una huella del pasado. En un hombre casi ingenuamente ávido de honores procedentes del extranjero, la reacción es comprensible; sobre todo si tenemos en cuenta que la decisión de morir dentro de poco excluía para él cualquier otra oportunidad de la misma clase. Pero, probablemente, ese pesar sólo ocupó la parte más superficial de su ser. Lo que se sabe es que se apresuró a llevar al viejo maestro —que consideraba *El mar de la Fertilidad,* entonces a punto de acabarse, como una obra maestra— su felicitación y su homenaje.

Su vida conoció también otros reveses: cierta estancia en Nueva York, otra en París, con sus problemas de dinero y de profesión, y sus noches de casi mortal soledad, son unos nadires, agravados por ser en el extranjero casi un desconocido, mientras que en el Japón era una primera figura, y por unos huéspedes cálidamente acogidos en Tokyo que guardaban las distancias en su casa.[1] Cierta confe-

---

[1] Tal vez sería mejor omitir la acusación de esnobismo aplicada cada vez que un extranjero se complace en visitar a un hombre famoso que conoce por los libros. "¡Qué esnobismo! Su ocurrencia de cenar con los Rothschild…" Tal frase nos podría hacer creer que un conjunto de comensales Rothschild se había reunido para recibir a Mishima. En realidad se trataba de Philippe y de su mujer, Paulina: él, un sutil traductor de poetas elisabethianos; ella, de origen americano, acogidos en Tokyo por el escritor y a los que quería cumplimentar y frecuentar en Francia.

sión de total desconcierto ante las complicaciones de la existencia, en un país cuyas costumbres y cuya lengua se conocen mal, es de las que podría escribir cualquier viajero después de un día de prueba para sus nervios; sin embargo, revela, en aquel hombre que pretendía ser fuerte, las heridas de una sensibilidad en carne viva. No sabemos tampoco cuántas complejidades, para bien y para mal, le aportó su matrimonio. Nos dicen que la vieja Mishima quemó su diario íntimo, ocupación trivial que no cambia gran cosa en los hechos cotidianos: con diario o sin él, la vida continúa. Lo poco que sabemos demuestra, de todos modos, que Mishima dio a su mujer, desde el punto de vista social y mundano, una situación mucho más importante que la de las esposas de la mayoría de los intelectuales japoneses de los años 60. Advertimos también, a juzgar por el horario de su vida, que Mishima supo conservar su libertad de escritor y de hombre. Pero parece haberse librado una sorda lucha por la preponderancia entre la mujer y la madre. Un proceso de difamación entablado por un político que se había reconocido en *Después del banquete,* algunos ataques y amenazas procedentes de la extrema derecha (lo cual resulta divertido tratándose de este escritor tachado, con razón o sin ella, de "fascista"), el pequeño escándalo causado por un breve librito de fotografías eróticas, la mayor parte muy bellas, y por el hecho de que el escritor, deseoso de "hacer cine", había interpretado un papel de gángster en una mala película a la americana; una tentativa más personal de chantaje que, al parecer, lo dejó más aburrido que abrumado: no merecería la pena hablar de todo esto si otros no hubiesen hablado ya.

Y sin embargo, ascendía el nivel de hastío y de vacío, un vacío que no era todavía el Vacío perfecto del jardín de la abadesa, sino el vacío de cualquier vida, fracasada o con éxito, o ambas cosas juntas. Las fuerzas del escritor no habían disminuido: aquellos años son un hervidero de obras, de la mejor a la peor. A partir de entonces, toda proeza de resistencia o de disciplina le atraerá menos, aunque se haya dicho, por sensacionalismo, que era una etapa hacia un saber visceral y muscular. "El ejercicio de los músculos elucidaba los mitos que las palabras habían creado", dice Mishima en *Sol y acero,* ensayo casi delirante escrito en 1967. (Más adelante precisa: "una ciega y malsana fe en las palabras", lo cual es, en efecto, un peligro para todo escritor.) El entrenamiento físico, "análogo a la adquisición del conocimiento erótico", se convierte en vía de acceso hacia un conocimiento espiritual percibido por relámpagos, pero que cierta incapacidad para pensar en términos abstractos le obliga a traducir en símbolos. "Hasta los músculos habían dejado de existir. Estaba envuelto en una sensación de poder como en una luz transparente." La experimentación que desemboca en esto había sido emprendida por unas razones muy sencillas, que Mishima explica, por una vez, muy sencillamente: "Las disciplinas físicas que se habían hecho tan necesarias para mi supervivencia eran, en cierto sentido, comparables a la pasión con la que una persona que ha vivido exclusivamente la vida del cuerpo comienza frenéticamente a instruirse hacia el final de su juventud". Poco a poco va comprobando que el cuerpo, en el transcurso del entrenamiento atlético, "podría ser intelectualizado a un grado más alto y obtener una intimidad con las ideas más estrecha que la de la mente". Es imposible no recordar las adjuraciones de la sabiduría alquímica, que también hacía entrar la fisiología en el centro del conocimiento: μαθειν, άλλα παθειν:[2] "no instruirse, sino sufrir". O, en una formulación latina análoga: *Non cogitat qui non experitur.*[3] Pero incluso en el centro de unas experiencias que sólo ha hecho posibles la tecnología moderna, los mitos resurgen del más viejo fondo humano, y las palabras vuelven a hacerse

---

[2] *Ou mathein, alla pathein.*

[3] Es difícil, para la autora de *Memorias de Adriano* (libro que Mishima decía apreciar, en una de las últimas entrevistas concedidas a un periodista francés), no pensar en ciertas reflexiones atribuidas al emperador y que se refieren a su propio método: "Como todo, en suma, es una decisión del espíritu, pero lenta, pero insensible, *y que acarrea también la adhesión del cuerpo…*".

necesarias para expresarlas. El paracaidista, en el interior de un F-104 cuyas acrobacias describe líricamente, se dice que al fin va a conocer las sensaciones de un espermatozoide en el momento de la eyaculación, confirmando así tantos graffiti trazados sobre tantas paredes y con formas del lenguaje popular, para el cual cualquier máquina poderosa es fálica. Otra imagen, tomada de la experiencia del paracaidista que se lanza desde una torre: "Yo había visto a mi alrededor, en aquel hermoso día de verano, las sombras de las personas firmemente dibujadas y atadas a sus pies. Al saltar desde lo alto de la torre metálica, me di cuenta de que la sombra que yo iba a proyectar sobre el suelo sería una mancha aislada, no sujeta a mi cuerpo. En ese momento, me vería libre de mi sombra…". Es una sensación que podría tener un ave, si supiese que la mancha que sigue su vuelo es su sombra. La cámara de descompresión de los astronautas descubre el conflicto entre la mente que *sabe* a lo que el hombre se expone, y el cuerpo que no sabe; pero, al final, la angustia se apodera también de la mente. "Mi mente había conocido el pánico y la aprensión. Pero no había conocido nunca la carencia de un elemento esencial que era suplido por su cuerpo sin que tuviera que pedírselo… [A una altura simulada de] cuarenta y un mil pies, de cuarenta y dos mil pies, de cuarenta y tres mil pies, yo sentía la muerte pegada a mis labios. Una muerte blanda, tibia, semejante a un pulpo… Mi mente no había olvidado que aquella experimentación no me mataría, pero ese deporte inorgánico me daba una idea de la clase de muerte que roe la tierra por todas partes." *Sol y acero* acaba, una vez resueltas todas las contradicciones, con la imagen tal vez más antigua del mundo: la de un reptil enroscado alrededor del planeta y del que podría decirse que es a la vez el dragón-nube de la pintura china y la serpiente mordiéndose la cola de los antiguos tratados ocultistas.

En *Caballos desbocados,* Isao se vale, en el transcurso de su proceso, del filósofo Wang Yang-ming, cuya doctrina en ese aspecto había hecho suya Mishima: "Ningún pensamiento es válido si pasa a ser acto". Y, en efecto, esta búsqueda casi tántrica oculta tras los tópicos alarmantes o incómodos sobre los que Mishima, con el torso desnudo y la cabeza ceñida por la cinta tradicional, blande un sable de *kendo* o apunta a su vientre con la daga que le eviscerará un día, desemboca inevitablemente, irrevocablemente en los actos, lo cual es a la vez una prueba de su eficacia y de su peligro. ¿Pero en qué acto? El más puro, el del sabio que se entrega a la contemplación del Vacío, ese vacío que es también lo Lleno no manifestado, recibido por Honda como un cielo violentamente azul, exige tal vez un paciente entrenamiento que dura siglos. En su defecto, queda la entrega desinteresada a una causa, suponiendo que se pueda creer en una causa o hacer como si se creyese. Tendremos ocasión de examinar más detenidamente este punto. En cuanto a las formas más triviales en que puede degradarse la energía, eran ya conocidas en su mayor parte por Mishima que, además, las había descrito. El dinero y la aparente respetabilidad sólo habían hecho de Honda un "heno miserable" entre los dientes de los dioses destructores. El éxito estaba podrido como el Ángel. El desenfreno, si se admite que aquel hombre controlado se hubiese entregado a él alguna vez, era una fase superada. La búsqueda del amor se roza con la de lo absoluto: la protagonista de *La sed de amar* mata y Kioyaki muere, pero parece ser que el amor rara vez tuvo para Mishima un papel esencial. El arte, en este caso el arte de escribir, parece tener que derivar en propio beneficio esa energía incondicionada, pero las "palabras" han perdido su sabor, y él sabía sin duda que el que se dedica por entero a escribir libros no escribe bellos libros. La política, con sus ambiciones, sus compromisos, sus bajezas, sus mentiras o sus fechorías más o menos camufladas con la razón de Estado, aparece, probablemente, como la más decepcionante de esas posibles actividades; sin embargo, los últimos actos y la muerte de Mishima están "politizados".

El escritor había visto la política, con ese aspecto de bajeza, desde 1960, en los regateos mercantiles electorales de *Después del banquete*, y después, más melancólicamente, en una de sus obras teatrales más famosas, *Los crisantemos del décimo día*,[4] donde el viejo Mori, antes ministro de Finanzas, honrado servidor del orden y del "establecimiento" tal como éstos son, se siente, sin embargo, lleno de simpatía hacia los jóvenes idealistas que han intentado asesinarlo. Vemos aquí, aunque desde el ángulo opuesto, al joven Isao decidido a acabar con los hombres de los grandes *cártels* y con su apoyo estatal. Más áspera es la descripción de intrigas policiales de *El Koto de la alegría,* donde las revueltas supuestamente de izquierdas son obra de provocadores profesionales, y donde el único hombre que oye, como en una alucinación, el delicado sonido del laúd japonés es también el único con corazón puro. Más fríamente lúcida es *Mi amigo Hitler,* que precede en algo más de un año a la muerte de su autor, y donde esta frase es irónicamente puesta en boca de Röhm, que va a ser aniquilado.[5] Ninguna de esas obras teatrales es "partidista"; del mismo modo que

---

[4] La fiesta de los crisantemos se celebra el 9 de septiembre. Los crisantemos del décimo día son aludidos como símbolo de lo que es tardío e inútil.

[5] No hace falta decir que el título mismo ya era provocador, tanto más cuanto que Mishima, llevando la ironía hasta un punto en que se hace transparente, había hecho imprimir en los programas la siguiente fórmula: "Un detestable homenaje a ese peligroso héroe, Hitler, por el peligroso ideólogo Mishima". Aunque este texto termina con una frase lúgubremente justa: "Hitler era un sombrío personaje, como el siglo XX es un sombrío siglo", la impresión de bravata sale reforzada con ella, sobre todo si tenemos en cuenta que el Japón había sido aliado de Hitler durante la guerra del Pacífico y no le gustaba mucho que se lo recordasen.

Lorenzaccio no es un ataque contra los Médicis. Se trata de la vida misma, de sus rutinas y de sus extravíos, ya cobrados y superados. En *Caballos desbocados,* el joven Isao, poco tiempo antes de su violenta muerte, se pregunta "cuánto tiempo sentirá todavía el placer un poco grosero de comer". Otra observación, desdeñosa, de un realismo casi desconcertante, se refiere a los órganos sexuales que pasean, bajo sus ropas, los seres humanos. La existencia ya sólo es entendida como un juguete fútil y un poco torcido.

Y sin embargo, a causa del asco sentido por los batiburrillos políticos de la época y, no lo olvidemos, por la situación especial del Japón, aliado ahora por unos tratados al antiguo enemigo, había nacido un partidista. Hablar de fascismo, como hacen algunos críticos aficionados a la vez a desacreditar y a simplificar, es olvidar que, en Occidente, un fascista, cosa y término esencialmente mediterráneos en un principio, se define como un miembro de la grande o la pequeña burguesía que pasa al ataque contra lo que él estima que es la agresión de la izquierda, tomando como apoyo la industria y las altas finanzas, y, allí donde existen todavía, los grandes terratenientes; el chauvinismo y el imperialismo entran en seguida en juego, aunque sólo sea para unir a las multitudes y para ofrecer un campo de expansión a los grandes negocios, y después, para sostener una dictadura que no está segura de sí misma. El nazismo, fenómeno germánico, negro desde el principio, con su obsceno elemento de racismo, se aparta por su aspecto obsesivo del fascismo, más pragmático, y que sin embargo le sirvió de ejemplo, aunque las dos pinzas de la tenaza acaban por unirse. En Mishima, el eje está situado de una manera bastante diferente.

Todo sucede como si los acontecimientos que han precedido, acompañado o seguido a la derrota de su país (como ya hemos visto, Mishima afirmó en varias ocasiones que esa derrota no afectó lo más mínimo a su adolescencia), hecatombes y suicidios en masa de soldados y civiles en las islas conquistadas, Hiroshima mencionada por él sólo de paso, bombardeos de Tokyo descritos en las *Confesiones de una máscara* como se describirían los efectos de una horrible tormenta o de un terremoto, o procesos políticos en los que se ejerció con frecuencia inicuamente "la justicia del vencedor", habrían sido otros tantos choques no percibidos o rechazados por la inteligencia y la sensibilidad consciente de un muchacho de veinte años. El sacrificio de los *kamikaze,* dirigiendo su aparato, privado de tren de aterrizaje, sobre la chimenea o la sala de máquinas de los barcos enemigos, no había, al parecer, emocionado apenas en su época a un Mishima que salía con alegre paso de la oficina de reclutamiento, declarado inútil y acompañado por un padre patriota, pero con paso también alegre. Lo mismo le ocurre con el discurso radiado del Emperador negando su condición de representante de una dinastía solar, tan impresionante para las multitudes japonesas como lo sería, para unas multitudes católicas, el discurso de un papa que renunciase a la infalibidad y que dejase de considerarse como el representante de Dios. La inmensa necesidad de acabar con la guerra amortiguó el golpe para el joven escritor, del mismo modo que lo había amortiguado para las multitudes japonesas.

En 1966, en el primero de sus escritos claramente politizados, *Las voces de los muertos heroicos,* Mishima se da cuenta, o al menos lo proclama en voz alta, que en la óptica del Japón antiguo, que era la suya, los *kamikaze* habían muerto por nada, puesto que la renuncia del Emperador a su papel de símbolo divino había quitado todo sentido a aquellas muertes heroicas. "Valerosos soldados han muerto porque un dios les ordenó combatir, y menos de seis meses después, aquella salvaje batalla es detenida de golpe porque un dios ha ordenado que cese el fuego. Pero Su Majestad ha declarado: 'En realidad, yo también soy un mortal'. ¡Y esto menos de un año después de que fuésemos lanzados como granadas contra los costados de los barcos enemigos por nuestro emperador, que era dios! ¿Por qué el Emperador se ha convertido en hombre?" Este poema, porque este trozo de prosa es un poema, que lo mismo indignó a la izquierda que a la extrema derecha, ofendida porque se criticaba al Emperador, es contemporáneo de otro en el que Mishima denuncia al Japón "de vientre lleno" de su tiempo y añade que "hasta el placer ha perdido su sabor" y que "la inocencia es vendida en el mercado", desde que el antiguo ideal nipón ha sido traicionado. Las grandes voces de nuestra vida suelen atravesar una zona de silencio antes de llegar hasta nosotros. Para el escritor descompuesto por la apatía de la época, esas jóvenes voces de los *kamikaze,* todo lo más de veinte años de edad, se han convertido mientras tanto en lo que Montherlant habría llamado "voces de otro mundo".

La ocupación americana y sus largas secuelas de tratados que retenían al Japón en la zona de influencia yanqui, también parece haberlo afectado con retraso. Como ya hemos visto, la ocupación sólo era evocada, en *Colores prohibidos,* por unos títeres corrompidos; y en *El pabellón de Oro,* por la escena, ciertamente devastadora, en que el gigante americano de uniforme obligaba al aterrorizado seminarista a caminar sobre el vientre de una muchacha y lo recompensaba con dos paquetes de cigarrillos. Pero este incidente podría haber sido elegido, sin partidismo xenófobo, por un novelista aficionado a las situaciones fuertes. En *El Templo del Alba,* que se desarrolla en 1952, la ocupación en sí es mantenida en un segundo plano, pero son puestos en evidencia aquellos, y sobre todo aquellas, que obtenían un pequeño provecho de la situación; y las muchachas de vida alegre bromean cuando miran —por encima de un canal del río Sumida, que corre, contaminado, por el Tokyo moderno del placer y de los negocios— el parque de un hospital americano donde reposan, en unas tumbonas, los heridos y los mutilados de la guerra de Corea.

Volvamos ahora atrás para considerar, esta vez únicamente desde el punto de vista político, la primera novela de Mishima basada en un tema de protesta: *Caballos desbocados,* situada en el paisaje de inflación, de miseria campesina, de revueltas y de asesinatos políticos reales del Japón de 1932. De los problemas de aquel año, Mishima, con seis años de edad, había percibido muy poca cosa, y del golpe de Estado fallido de 1936, justo lo suficiente para que esos incidentes ascendiesen, conservados en reserva, del fondo de su conciencia de hombre de cuarenta años. En *Caballos desbocados,* Isao premedita bombardear, con ayuda de un piloto del ejército del aire, unos puntos estratégicos de Tokyo, pero después renuncia a ello en favor del plan, poco menos peligroso, que consiste en lanzar unas proclamas denunciando la corrupción de un gabinete sometido a los hombres de negocios y prometiendo su sustitución inmediata por otro, bajo las órdenes directas del Emperador. El golpe incluye también la ocupación por medios terroristas de las centrales eléctricas, del Banco del Japón y, objetivo supremo, el asesinato de los doce miembros más influyentes del *Zaibatsu*. Al fracasar este plan, se conforma, antes de morir, con matar a uno solo, al viejo Kurahara, un hombrecito sentimental de lágrima fácil que oculta un temible lince. Estos proyectos y este crimen convierten a Isao, ciertamente, en un terrorista auténtico, pero lo sitúan a mil leguas de un fascista occidental, al que nunca se lo ha visto matando a un banquero.

En primer lugar, una escena de Mishima, de una ironía a la vez tranquila y chirriante, nos muestra a los personajes más destacados del *Zaibatsu* invitados a cenar por uno de ellos y flanqueados por sus guardaespaldas, con coloradas caras de asesinos, que cenan en la habitación contigua. En contrapunto a la charla insulsa de las damas, se mantiene una conversación típica de hombres enterados, que consideran la inflación como una maniobra y a la vez indispensable y hábil ("es muy sencillo, sólo tenemos que colocar el dinero en mercancías o en materias primas") y juzgan el drama de la clase campesina, conducida al hambre o a la expropiación, como uno de esos hechos históricos marginales que es preciso aceptar. Un joven vizconde, que parece más sensible, quizá porque todavía no se ha procurado ningún cargo, cita una carta enviada por el padre de un recluta a las autoridades militares explicando que, a pesar del dolor que experimenta al pronunciar tal voto con respecto a un buen hijo, desea que ese hijo caiga lo antes posible en el campo del honor, porque, en el actual estado de miseria y de marasmo de su pueblo, sólo sería en la granja paterna una boca inútil.[1]

Algunas personas se entristecen, pero se le hace notar al joven idealista, que en seguida se siente turbado por su propia audacia, que la alta política no se detiene en los casos particulares. Algunos de estos comensales son lo que subsiste de la aristocracia de apellido y de dinero del comienzo de la tetralogía. El marqués Matsugae, padre de Kioyaki, se sonroja ante el hecho de que, a pesar de su puesto en la Dieta, su falta de importancia es tanta que la policía no le proporciona una escolta.

Mishima no ignoraba que esas descripciones de la "clase dominante" y esos proyectos terroristas también habrían podido emanar de un escritor de extrema izquierda. Y antes de 1969 acepta, no sin valor (porque el terrorismo se ejercía por

---

[1] Es interesante comparar *Caballos desbocados* con dos obras del joven escritor comunista Takiji Kobayashi (muerto por la policía en 1933), *Barco-fábrica* y *El propietario feriante*, que también toman como punto de partida la miseria y el hambre de las regiones rurales. *Narayama* (1958), de Sichiro Fukazawa, también es un gran poema del hambre.

una parte y por la otra), un debate público con un poderoso grupo de los estudiantes comunistas de la universidad de Tokyo. Un debate cortés por encima de todo, y sin el aspecto de obtusa incomprensión que suele caracterizar en Europa a la Derecha y a la Izquierda enfrentadas en presencia. Después de la sesión, Mishima envía sus honorarios de conferenciante a la caja del partido, con una delicadeza que recuerda el gesto de los kendoístas saludándose después del combate. Tomo de Henry Scott-Stokes, uno de los biógrafos americanos de Mishima, algunas observaciones que el escritor le hizo después de aquel debate: "He descubierto que tenía con ellos muchos puntos de vista comunes; por ejemplo, la ideología rigurosa y la inclinación a la violencia física. Ellos y yo imaginamos una nueva clase de Japón. Somos unos amigos separados por unas alambradas; nos sonreímos sin poder abrazarnos. Nuestros objetivos son muy parecidos; tenemos sobre la mesa las mismas cartas, pero yo poseo una baza que ellos no tienen: el Emperador".

El Emperador... *¡Tenno heikai Banzai!* (¡Larga vida al Emperador!) Éste será el último grito de Mishima agonizante y del compañero que murió con él. Le importa poco que Hirohito, fiel en esto al papel que le obligan a hacer las circunstancias, sea un jefe de una envergadura bastante mediocre (aunque había tomado, en el transcurso de su reinado, quizás inducido por los que lo rodeaban, unas decisiones que Mishima tenía que desaprobar: el aplastamiento del golpe de Estado militar de 1936 y la renuncia a su rango de divinidad solar). Del mismo modo que a un apasionado partidario del poder papal le importa poco que el pontífice de su época sea mediocre o no lo sea. En realidad, el Emperador del Japón sólo fue todopoderoso en tiempos legendarios. Los emperadores Heian, manejados a su antojo por sus ministros, salidos de dos clanes rivales, abdicaban jóvenes, dejando casi siempre un heredero de corta edad que garantizaba a los verdaderos dirigentes todos los privilegios de una regencia. Más tarde, los Shogún, dictadores militares que preparaban por anticipado el Japón moderno, gobernaron Kamakura y luego Edo (el Tokyo de hoy), rodeados de una corte en la que se apiñaban los ambiciosos y los hábiles, mientras que el Emperador y la suya llevaban en Kyoto una vida rodeada de prestigio, pero reducida a unas actividades culturales o rituales. Por último, más cerca de nosotros, el emperador Meiji, instalado en Tokyo en 1867, gobernó más, pero subordinado a las fuerzas casi irresistibles de la modernización, de la industrialización, del parlamentarismo, a toda esa imitación del extranjero que denunciaba en 1877 el grupo de samurais "protestatarios" tan reverenciados por el joven Isao.

(Cuando pensamos en lo que el "progreso" iba a aportar al Japón a menos de un siglo de su aventura, sentimos la tentación de ridiculizar a aquellos samurais que, por odio a la modernización venida del extranjero, se aislaban y pasaban por debajo de los hilos telegráficos haciéndose pantalla con su abanico de hierro.) La restauración del Emperador al rango de monarca a la vez efectivo y místico, protector de los humildes y de los oprimidos, suele ser en el Japón el "gran designio" de los idealistas afligidos por la situación del mundo, aunque para realizarla haya que enfrentarse con el propio "establecimiento" imperial. Isao, contemplando un sombrío sol poniente, murmura a sus compañeros: "El rostro de Su Majestad está visible en el sol poniente. Y el rostro de Su Majestad está turbado…" Este legitimista es de derecha por su fidelidad al Emperador, y de izquierda por su simpatía a los campesinos oprimidos y hambrientos. En la cárcel se avergüenza de ser mejor tratado que los comunistas, que son molidos a golpes.

Cuando está terminando *Caballos desbocados,* Mishima, arrastrado ya por lo que él llamaba el Río de la Acción, funda la Sociedad del Escudo, el *Tatenokai,* grupo de un centenar de hombres, cifra que según él se había fijado, a los que da, a su costa, una formación paramilitar. Esta clase de milicias, siempre peligrosas, surge casi fatalmente en todo país obligado por los tratados a tener un ejército débil y a hacer una política que sigue el surco, y a remolque, de la del antiguo enemigo. ¿Se limitaba la Sociedad del Escudo a esos ejercicios de lucha, en los que participa el propio Mishima, bajo la égida de un regimiento del ejército militar acantonado al pie del Fuji? A Mishima le complacía hablar de un escudo en inglés, con las siglas SS, *Shield Society*, aunque no ignoraba que evocaba así unos atroces precedentes; pero nosotros sabemos que, en la mente de su jefe, ese escudo era "El escudo del Emperador". Como ocurre en muchas sociedades secretas, los fines concretos del Escudo (además de una especie de escutismo guerrero para adultos) permanecen ocultos, no sólo para el público, sino también para los afiliados y tal vez para el propio jefe: "La Sociedad del Escudo es un ejército en situación de espera. Imposible saber cuándo llegará nuestro día. Acaso nunca, tal vez mañana. Hasta entonces, permaneceremos en posición de firmes. Nada de demostraciones en las calles, ni de carteles, ni de discursos públicos, ni de combates con cócteles Molotov o a pedradas. Hasta el último y peor momento, nos negamos a cometer esos actos. Porque somos el más pequeño ejército del mundo y el más grande por su espíritu". Sin embargo, ese espíritu sólo se manifiesta insulsamente en una especie de canción patriótica para estudiantes compuesta por el propio Mishima, coplillas que demuestran hasta qué punto un grupo de cien hombres es ya una multitud que espera, como tal, su pasto de tópicos.[2]

Es casi imposible que el hombre que, en la misma época, describe a Isao buscando unos cómplices para un golpe de Estado, no haya tenido a la vista algo análogo. Sin embargo, en 1969, en el momento de la ratificación de los nuevos tratados americanos, ocasión en la que se habían temido grandes revueltas de la izquierda, que no se produjeron (la extrema derecha, igualmente desaprobadora, tampoco se movió), el exiguo estado mayor del *Tatenokai* se reunió en un hotel de Tokyo; Morita, ayudante de campo de Mishima y que iba a ser un año después su compañero de muerte, propuso la ocupación de la Dieta, como habría hecho el propio Isao, que tenía casi su edad. Mishima se opuso a ello, alegando que sería un fracaso. Había sacado provecho de su propia descripción del desastre de Isao.

---

[2] La palabra "imperialista", empleada con frecuencia por los biógrafos de Mishima, induce a error todavía más que la palabra "fascista". Ni Isao, tan indiferente ante la guerra del Manchukuo, ni siquiera el Mishima del manifiesto del 25 de noviembre de 1970, son unos imperialistas propiamente dichos. Son unos legitimistas y unos nacionalistas de extrema derecha. Por otra parte, es probable que ese imperialismo hubiese surgido si el sueño de restauración y de denuncia de los tratados se hubiera realizado; pero eso se sale de nuestro marco.

Es fácil tomar a broma el teatral uniforme elegido para el Escudo. Una fotografía muestra a Mishima sentado, con su guerrera de doble fila de botones y su gorra de visera, rodeado de tenientes vestidos de igual modo. A su derecha, Morita, definido por unos como un imbécil, por otros como nacido para mandar y el mejor del grupo, muy bello en su joven fortaleza, con ese rostro liso y lleno de algunos bronces asiáticos del siglo XVII;[3] detrás de ellos, tres muchachos que servirán un día de testigos del suicidio: Furu-Koga, Ogawa y Chibi-Koga. Estos jóvenes (la mayoría de los adheridos salían del medio estudiantil), producen una impresión de inmadurez y de fragilidad, pero Furu-Koga demostraría un año después su habilidad con el sable. A pesar de las fisonomías japonesas, los rígidos uniformes hacen pensar en Alemania y en la antigua Rusia. Sin embargo, es lógico que un célebre dramaturgo, convertido en hombre de acción, o tratando de serlo, arrastre consigo algunas sobras de trajes y accesorios de teatro, lo mismo que un profesor lleva a la acción política su estilo de profesor.

---

[3] Esta belleza se hace más visible en una fotografía con la cabeza descubierta, en la que el rostro de Morita, como se ha dicho, se parece bastante al de Omi, el ídolo del colegio de *Confesiones de una máscara*.

El *Tatenokai* fue disuelto inmediatamente después de la muerte de Mishima y siguiendo sus órdenes, lo cual no prueba necesariamente que se trataba de un juguete fabricado, y luego roto, sólo para el disfrute de un megalómano o de un exhibicionista. Aquel puñado de hombres militarizados les parecía a los contemporáneos insignificante, si no anodino y un poquito ridículo; pero no es tan seguro que nosotros podamos juzgarlos así todavía. Hemos visto demasiadas veces a países recién occidentalizados, o en trance de serlo, y aparentemente contentos de serlo, que luego nos dan una sorpresa; y hemos visto que, en cada caso, las revoluciones son obra de pequeños grupos en principio despreciados o tratados con ironía. Si alguna vez hubiese triunfado en el Japón, aunque fuera brevemente, una revolución nacional y reaccionaria como la que ha triunfado en algunos países del Islam, el Escudo habría sido un precursor.

El error grave del Mishima de cuarenta y tres años, como el más excusable del Isao de veinte años en 1936, es el de no haber visto que, aunque el rostro de Su Majestad resplandeciese de nuevo en el sol naciente, el mundo de los "vientres llenos", del placer "abanicado" y de la inocencia "vendida" seguiría siendo el mismo o se reformaría, y que el mismo *Zaibatsu*, sin el cual no podría subsistir un Estado moderno, recobraría su preponderancia, con el mismo nombre o con otros nombres. Estas observaciones casi primarias, pero que siempre es útil reiterar, son más pertinentes que nunca en un tiempo en que no es solamente un grupo, un partido o un país el que sufre una especie de contaminación, sino toda la tierra. Es extraño que el escritor que ha descrito tan bien en *El mar de la Fertilidad* un Japón llegado probablemente al punto de no-retorno, haya creído que un acto violento podía cambiar algo. Pero su entorno, tanto el japonés como el europeo, parece haber sido más incapaz aún que nosotros para considerar el fondo de desesperación de donde salían sus actos. En agosto de 1970, tres meses antes de la realización del *seppuku*, el biógrafo inglés de Mishima se sorprende al oírlo declarar que el Japón sufría el efecto de una maldición: "El dinero y el materialismo reinan; el Japón moderno es feo", dijo. Después, recurrió a una metáfora: "El Japón —continuó— es víctima de la serpiente verde. No nos libraremos de esa maldición". El periodista-biógrafo continúa: "Yo no sabía cómo interpretar sus palabras. Cuando salió (uno de nosotros) dijo: 'Está en uno de sus accesos de pesimismo, eso es todo'. Nos echamos a reír, pero mi risa se quedó a flor de labio. Una serpiente verde: ¿qué opinan ustedes?".

Esa serpiente verde, símbolo de un mal que ya es irreparable, es evidentemente la que se escapa, visible en la pálida luz del alba, de la villa incendiada de Honda, mientras que los supervivientes, prudentemente sentados en la otra orilla de la piscina a la americana, respiran el olor a quemado de la pareja demasiado drogada para huir, y el chofer, como si aquello no tuviese nada que ver con él, bajó al pueblo en busca de los elementos para un desayuno. También es la serpiente que mordió el pie de la inconsistente Chan y la mató. La imagen de un reptil que representa al Mal es tan antigua como el mundo. Sin embargo, nos preguntamos si ésta, tal vez más bíblica que extremo asiática, no sale del fondo de las lecturas europeas de Mishima. De todos modos, desde el primer volumen de la tetralogía, con la anécdota aparentemente simplista de la esmeralda perdida, el verde de la gema contiene ya su reflejo.

Uno de los biógrafos de Mishima se ha tomado el trabajo de publicar los nombres de diez escritores japoneses bien conocidos que acabaron suicidándose en el transcurso de los primeros sesenta años de este siglo. Ese número no nos sorprende, en un país que siempre ha hecho honor a las muertes voluntarias. Pero ninguno de ellos murió en el gran estilo. Por el contrario, la muerte de Mishima será el tradicional *seppuku* de protesta y de admonición, el de abrirse el vientre, seguido de inmediato por la decapitación por el sable cuando la presencia de una segunda persona lo permite. (Los últimos grandes suicidios realizados en el desconcierto de la derrota, veinticinco años antes, el del almirante Onishi, jefe de las unidades *Kamikaze*, el del general Anami, ministro de la Guerra, y los de una veintena de oficiales que, después de la capitulación, habían realizado el *seppuku* en el umbral del palacio imperial o en un campo de maniobras, parecen haber prescindido todos ellos de la segunda persona y del golpe de gracia.) Las descripciones de *seppuku* invaden toda la obra de Mishima. En *Caballos desbocados* es el suicidio en masa de los samurais rebeldes de 1877, cuya aventura había entusiasmado a Isao. Vencidos por el ejército regular, los ochenta supervivientes se habían abierto el vientre ritualmente, algunos en la carretera y los otros en la cima de una montaña consagrada al culto shinto. Suicidios a veces truculentos, como el del héroe glotón que vomita antes de eventrarse, y otros más tiernos por la presencia de esposas que también prefieren morir: esta increíble cascada de sangre y de entrañas aterroriza y al mismo tiempo exalta, como todo espectáculo de valor total. Algo de la pura simplicidad de los ritos shinto, que esos hombres cumplen antes de decidirse a combatir, flota todavía sobre ese espectáculo de carnicería, y los soldados que van tras las huellas de los rebeldes ascienden a la montaña lo más lentamente posible para darles tiempo a morir en paz.

Isao, por su parte, falla a medias en su suicidio. Apremiado, a punto de ser detenido, no espera el momento sublime que tantas veces había soñado: "Sentado bajo un pino, a la orilla del mar, al salir el sol". La mar está allí, negra en medio de la noche, pero no se yergue ningún pino tutelar ni tampoco es posible esperar a que salga el sol. Por una intuición de genio en el terreno, en sí mismo tan insondable, del dolor físico, Mishima concede al joven rebelde el equivalente a la salida del sol, que para él llegará demasiado tarde: el dolor fulgurante que la daga produce en sus entrañas es el equivalente a la bola de fuego; irradia en él como los rayos de un sol rojo.

En *El templo del Alba* encontramos, en forma de un sacrificio animal, el equivalente del último acto del *seppuku* tradicional: la decapitación. En Calcuta, en el templo de Kali la Destructora, Honda contempla con una curiosidad y una repugnancia controladas al sacrificador que separa de un solo golpe la cabeza de un cabrito, un segundo antes tembloroso, resistente, lanzando balidos, y ahora inerte, bruscamente convertido en cosa. Dejando aparte *Patriotismo*, sobre el cual volveremos luego, tienen lugar otros ensayos generales: en el teatro, en una obra de *Kabuki* donde Mishima interpreta un papel de samurai que se suicida; en una película, donde ejecuta el mismo acto en un papel de comparsa. Y sobre todo, en un último álbum de fotografías publicado después, a título póstumo, menos voluptuosas éstas que la del primer álbum: *Tortura por las rosas,*[4] en el cual lo vemos sufriendo varias clases de muertes: ahogándose en el lodo, lo cual es, ciertamente, un símbolo; aplastado por un camión cargado de cemento, lo que tal vez es otro símbolo; en varias ocasiones realizando el *seppuku* e incluso acribillado a flechazos como un San Sebastián, desgarrador tópico justamente famoso. Podemos elegir entre ver en esas imágenes el exhibicionismo y la obsesión enfermiza de la muerte, explicación sin duda demasiado cómoda para un occidental y hasta para un japonés de hoy, o por el contrario, considerarlas como una preparación metódica para enfrentarse con los finales definitivos, tal como lo recomienda el famoso tratado *Hagakure*, inspirado en el siglo XVIII en el espíritu samurai y que Mishima había releído más de una vez:

> *Esperad cada día a la muerte para que, cuando llegue el momento, podáis morir en paz. Cuando viene la desgracia, no es tan horrible como se creía...*

---

[4] Cuando sabemos que Mishima supervisa la traducción en japonés del *Martirio de San Sebastián* y la hace representar en Tokyo, nos preguntamos si ese título no habría sido inspirado por un pasaje de esa bella obra demasiado larga y demasiado lírica para la escena: aquel en que el emperador se propone asfixiar a San Sebastián bajo un montón de rosas.

Trabajad cada mañana en calmar vuestro espíritu, e imaginad el momento en que tal vez seréis desgarrados o mutilados por unas flechas, por unos disparos de bala, por unas lanzas o por unos sables; arrastrados por enormes olas, arrojados a las llamas, heridos por el rayo, derribados por un terremoto, caídos en un precipicio o muriéndoos de enfermedad o durante una circunstancia imprevista. Morid con el pensamiento cada mañana, y ya no temeréis morir.

Cómo familiarizarse con la muerte o el arte de bien morir. En Montaigne hay mensajes análogos (también encontraremos en él otros totalmente contrarios). Y, lo que es más curioso, por lo menos existe un párrafo de Madame de Sévigné en que medita sobre su muerte como buena cristiana y que, en cierto modo, viene a sonar lo mismo. Pero aún era la época en que el humanismo y el cristianismo miraban sin pestañear los finales definitivos. En este caso, sin embargo, parece ser que no se trata de esperar la muerte a pie firme, sino de imaginarla como uno de los incidentes, imprevisible en su forma, de un mundo en perpetuo movimiento y del cual formamos parte. El cuerpo, ese "telón de carne" que tiembla y se agita sin cesar, acabará partido en dos o roído hasta los huesos, probablemente para revelar ese Vacío que Honda no percibió hasta que era demasiado tarde y antes de morir. Hay dos clases de seres humanos: aquellos que apartan la muerte de su pensamiento para vivir mejor y más libremente, y aquellos otros que, por el contrario, se sienten vivir con más fuerza y más inteligencia cuando la acechan en cada una de las señales que ella les hace a través de las sensaciones de su cuerpo y de los azares del mundo exterior. Esas dos clases de mentes no se amalgaman nunca. Lo que los unos llaman una manía morbosa, es para los otros una heroica disciplina. Es el lector quien debe juzgar.

Patriotismo (Togoku), una de las más notables novelas cortas que escribiera Mishima, fue filmada, llevada al teatro, dirigida e interpretada por el autor, en un decorado de *No* adaptado al estilo modesto de una casa burguesa. La película, más bella y más traumatizante que la novela condensada en ella, tiene dos personajes: el propio Mishima en el papel del teniente Takeyama y una joven muy bella que interpreta el papel de la esposa.

Estamos en la noche del día en que la rebelión de oficiales de la Derecha fue aplastada por orden superior, y los rebeldes ejecutados en el acto. El teniente pertenece a su grupo, pero ha sido alejado por ellos en el último momento, por piedad, habida cuenta de su situación de joven casado. Todo comienza con los movimientos muy cotidianos de la joven esposa que ha sabido la noticia por los periódicos y que ha decidido morir con él. Antes de su regreso, se ocupa de empaquetar cuidadosamente algunos bibelots que aprecia mucho y en caligrafiar en los paquetes la dirección de varios parientes o de antiguos compañeros a los que van destinados. El teniente regresa. Su primer gesto es el de sacudir la nieve de su capote, lo cual sorprende a la muchacha; el segundo, también prosaico, es quitarse las botas en el vestíbulo, apoyado en la pared, tambaleándose un poco sobre una pierna como suele ocurrir en tales casos. En el transcurso del drama, el autor-actor no *interpreta* en ningún momento, salvo en uno, por lo demás muy breve: hace los gestos que hay que hacer, eso es todo. Vemos de nuevo al teniente y a su mujer sentados frente a frente sobre una estera, bajo el ideograma LEALTAD que decora la pared desnuda, lo cual nos hace pensar que esa palabra sería más adecuada como título de la novela y de la película que la de "patriotismo", puesto que el teniente va a morir por lealtad a sus camaradas, y la mujer por lealtad a su marido, mientras que el patriotismo propiamente dicho sólo aparece en el momento en que ambos rezan brevemente por el Emperador ante el altar doméstico, lo cual también, en este caso, y después del aplastamiento de la rebelión, es una forma de lealtad.

El teniente anuncia su decisión, la joven comunica la suya y, por un instante (en el que Mishima *interpreta* esta vez), el hombre posa en la mujer una larga mirada melancólica y tierna en la que se revelan plenamente sus ojos que estarán, durante la agonía, sumidos en la sombra de la visera del uniforme, algo así como los de una escultura de Miguel Ángel bajo un casco. Pero ese enternecimiento no dura mucho. Su siguiente gesto es enseñar a la mujer —puesto que no hay una segunda persona para la decapitación ritual— la forma de hacer que penetre la daga, con que él intentará, ya con escasas fuerzas, atravesarse la garganta.[5] Seguidamente se desnudan y hacen el amor. No vemos el rostro del hombre; el de la mujer está tenso de dolor y de placer. Pero nada de porno: la segmentación de la imagen muestra unas manos sumergidas en el bosque de una cabellera, esas manos que después, como acariciadores fantasmas, rodearán a la mujer en el transcurso de los últimos preparativos, recordándole al ausente; unos fragmentos de cuerpos surgen y desaparecen: el abdomen algo cóncavo de la joven

---

[5] Uno de los biógrafos de Mishima, John Nattan, opina que la actitud del teniente para con su mujer es la de un "anormal", porque le pide que asista a su muerte y que lo ayude a rematarse. Un estoico no habría pensado así y Montaigne habría incluido a Keiko en la serie de sus "Tres mujeres" (Ensayos, libro II, cap. XXXV).

esposa, sobre el cual pasa y repasa tiernamente la mano del hombre, sobre el lugar en que pronto va a herirse a sí mismo. Helos aquí, ya vestidos, ella con el kimono blanco del suicida, él con su uniforme y tocado de nuevo con su gorra de visera. Sentados ante una mesa, caligrafían las escasas líneas que explican su acto.

Después, da comienzo la horrible tarea. El hombre deja deslizarse por los muslos el pantalón de su uniforme y envuelve meticulosamente las tres cuartas partes de la hoja del sable en el humilde papel de seda de uso doméstico e higiénico para no cortarse los dedos que deben guiar el acero. Sin embargo, antes de la operación final hay que hacer una última prueba: se pincha levemente con la punta del sable y la sangre brota, una gotita imperceptible que, a diferencia de los chorros que vendrán después, necesariamente imitados por medios de teatro, es auténticamente la sangre del actor y "la sangre del poeta". La mujer mira lo que él hace, conteniendo sus lágrimas, pero, como todo el mundo en los grandes momentos, lo sabemos solo, absorto en esos pequeños detalles prácticos que constituyen, en cada caso, el engranaje del destino. El corte, de una precisión quirúrgica, abre, no sin esfuerzo, los músculos abdominales que se resisten y luego asciende para completar la abertura. La visera protege el anonimato de la mirada, pero la boca se crispa y, más impresionante aún que las olas de entrañas que se derraman ahora por el suelo, el tembloroso brazo sube con un inmenso esfuerzo, en busca de la base del cuello, y hunde la punta de la daga que la mujer, obedeciendo la orden recibida, hace que penetre del todo. Ya está hecho: el cuerpo se desploma. La joven viuda pasa a la habitación contigua y, gravemente, retoca su maquillaje enyesado y empolvado de mujer japonesa de antaño, para volver en seguida al lugar del suicidio. La orla del kimono blanco y los blancos calcetines están empapados en sangre; la larga cola parece barrer el suelo y caligrafiar algo en él. La mujer se inclina, seca el icor de los labios del hombre, y luego, rápidamente, con un gesto estilizado, porque no se podría soportar dos veces seguidas una agonía realista, se degüella con una pequeña daga que saca de su manga, como solían hacer las japonesas de antaño. La mujer cae diagonalmente sobre el cuerpo tendido del hombre. El humilde decorado desaparece. La esterilla se transforma en banco de arena o de fina grava y, como sobre una balsa, los dos muertos parten a la deriva arrastrados hacia la eternidad en la que ya están ambos. Sólo veremos, de vez en cuando, como una evocación del mundo exterior en esta noche de invierno, un pequeño pino cubierto de nieve, fuera, por espacio de unos segundos, en el modesto jardincillo de este drama de valor y de sangre.

Si me he detenido tan largo tiempo en esta película, que en cierto sentido es una especie de preestreno, es porque la comparación con el *seppuku* del propio Mishima nos permite definir mejor la distancia que hay entre la perfección del arte, que muestra lo esencial, en una sombría o clara luz de eternidad, y la vida con sus incongruencias, sus fallos, sus equívocos desconcertantes, debidos sin duda a nuestra incapacidad de llegar, en el momento necesario, hasta el interior de los seres y al fondo de las cosas, pero también, y por la misma razón, a esa incalculable extrañeza de la vida "en crudo", que podríamos llamar, con una palabra ya gastada, existencial. Como en *El Evangelio según San Mateo* de Pasolini, donde el Judas que corre hacia su muerte ya no es un hombre, sino un torbellino, de estos últimos momentos de la vida de Mishima se desprende el olor de ozono de la energía pura.

Unos dos años antes de su muerte se presenta para Mishima esa ventaja inesperada que aparece siempre cuando la vida adquiere una cierta velocidad y un cierto ritmo. Un nuevo personaje hace su aparición: Morita, entonces de veintiún años de edad, provinciano en un colegio católico, guapo, un poco rechoncho, ardiendo en el mismo fuego legitimista del que pronto va a llamar su *Sensei* (maestro), término honorífico con el que los estudiantes designan a sus instructores. Se ha dicho que la inclinación hacia la aventura política de Mishima creció en proporción con la fogosidad del muchacho; sin embargo, le hemos visto disuadir a su segundo en 1969, en ocasión de su proyecto de atentado. Casi podría creerse que algunos aspectos desagradables del *seppuku* de los dos hombres[1] procedían de la imaginación del más joven, tal vez atiborrado de películas y de novelas de violencia, pero Mishima no necesitaba ser estimulado en ese sentido. Todo lo más puede creerse, en lo que a él respecta, en un renuevo de su impulso al encontrar por fin (Morita fue el último que se inscribió en la lista del Escudo) al

---

[1] Pienso en los incidentes de tipo terrorista de las oficinas del Ministerio de la Defensa Nacional.

compañero y quizás al secuaz buscado. Se nos muestra a este muchacho enérgico (tan resistente que, al principio, participó en los ejercicios del *Tatenokai* arrastrando el yeso de su pierna rota en un accidente deportivo) "siguiendo por todas partes a Mishima como una prometida", frase que adquiere todo su valor cuando se piensa que el término "promesa" significa el acto de empeñar la palabra, y que no hay mayor promesa que la del que promete morir. Un biógrafo que basa su análisis de Mishima en datos casi exclusivamente eróticos, ha insistido mucho en el aspecto sensual, por otra parte hipotético, de aquel afecto; se servirá de ello para tratar de convertir el *seppuku* en un *shinju*, el suicidio de dos tan frecuente en las obras del *Kabuki*, casi siempre realizado por una joven de barrio prohibido y por un muchacho demasiado pobre para conservar su amante, y casi siempre en forma de ahogamiento.[2] No es posible creer que Mishima, que trabajaba desde seis años atrás en preparar su muerte ritual, montase la complicada escena de llamamiento a las tropas y

---

[2] El doble suicidio intentado por Saigo, el gran agitador liberal del siglo XIX, con su amigo el sacerdote Gessho, también por ahogamiento y por motivaciones en gran parte políticas fracasó, porque Saigo fue devuelto a la vida. Es uno de los escasos ejemplos que se conocen de un *shinju* proyectado por dos hombres.

de protesta pública que precedió a la muerte con la única intención de proporcionar un decorado a un suicidio conjunto. Más simplemente —y así lo explicó en su debate con los estudiantes comunistas— Mishima había llegado a creer que incluso el amor se había hecho imposible en un mundo carente de fe, y comparaba a los amantes con los dos ángulos de base de un triángulo cuyo vértice era el Emperador que ambos veneraban. Sustituid la palabra "emperador" por la palabra "causa", o por la palabra "Dios", y llegaréis a esa noción de un fondo de trascendencia necesario para el amor, que ya he discutido antes en otra parte. Morita, por su legitimismo casi ingenuo, respondía a esa exigencia. Eso es todo lo que se puede decir, salvo que es tal vez demasiado sencillo que dos seres que han decidido morir juntos procuren primero, al menos por una vez, encontrarse en la cama; una noción que no habría contravenido el antiguo espíritu samurai.

Todo está a punto. El *seppuku* será el 25 de noviembre de 1970, día en que el último volumen de la tetralogía es remitido al editor. Aunque esté sumergido en la acción, Mishima regula todavía su vida con sus obligaciones de escritor: se jacta de no haber dejado nunca de enviar un manuscrito en la fecha fijada. Todo está previsto, incluso —suprema cortesía para los asistentes, o supremo deseo de conservar hasta el final la dignidad del cuerpo— los tampones de guata que servirán para impedir que se salgan las entrañas durante las convulsiones de la agonía. Mishima, que cena en un restaurante el 24 de noviembre con sus cuatro fieles, se retira para trabajar como todas las noches, acaba su manuscrito o le da los últimos retoques, lo firma y lo mete en un sobre que vendrá a buscar, a la mañana siguiente, un empleado del editor. Cuando apunta el día, toma una ducha, se afeita meticulosamente y se pone su uniforme del Escudo sobre un slip de algodón blanco y sobre la piel desnuda. Unos gestos cotidianos, pero que ya tienen la solemnidad de lo que nunca se volverá a hacer. Antes de salir de su despacho, deja sobre la mesa un trozo de papel: "La vida humana es breve, pero yo querría vivir siempre". La frase es característica de todos los seres lo bastante ardientes para ser insaciables. Pensando bien en ello, no hay contradicción entre el hecho de que esas palabras hayan sido escritas al amanecer y el hecho de que el hombre que las ha escrito esté muerto antes de que termine la mañana.

Deja su manuscrito bien visible sobre la mesa del vestíbulo. Los cuatro fieles lo esperan en un coche nuevo comprado por Morita; Mishima lleva su cartera de piel, que contiene un valioso sable del siglo XVII, una de sus más apreciadas pertenencias; la cartera contiene también una daga. En el camino, pasan por delante de la escuela donde se encuentra en ese momento la mayor de los dos hijos del escritor: Noriko, una niña de once años. "En una película, sería el momento en que se oiría una música sentimental", bromea Mishima. ¿Una prueba de insensibilidad? Tal vez todo lo contrario. A veces es más fácil bromear con lo que llevamos en el corazón que hablar de ello. Probablemente se ríe, con esa risa corta y ruidosa que se le atribuye y que es la risa de los que no ríen del todo. Después, los cinco hombres cantan.

Helos aquí, llegados a su objetivo: el edificio del Ministerio de la Defensa Nacional. Sin embargo, este hombre, que dentro de dos horas estará muerto, y que, de todos modos, se propone estarlo, tiene un último deseo: hablar a las tropas, denunciar ante ellas el estado nefasto en que, según él, está sumergido el país. Este escritor que ha hecho constar la pérdida de sabor de las palabras, ¿cree que la voz tendrá más poder? Quizá quiere multiplicar las ocasiones de expresar públicamente los motivos de su muerte para que luego no se esfuercen en camuflarlos o en negarlos. Dos cartas escritas a unos periodistas, rogándoles que estuvieran allí en aquel momento, aunque sin indicarles por qué razón, demuestran que temía, por lo demás con gran acierto, esa especie de maquillaje póstumo. Tal vez también porque, después de haber infundido algo de su ardor a los miembros del Escudo, cree posible hacer otro tanto con algunos centenares de hombres acuartelados allí. Pero sólo el general en jefe puede darle la autorización necesaria. Ha solicitado una entrevista, con el pretexto de mostrar al general el bello sable, firmado con el nombre de un famoso armero. Mishima explica la presencia de los muchachos de uniforme por una reunión de grupo a la que acudirán después. Mientras el general admira las marcas delicadas, casi invisibles, del acero pulido, dos de los fieles le atan los brazos y las piernas a su sillón. Los otros y el propio Mishima se apresuran a echar los cerrojos y a bloquear las puertas. Los conjurados parlamentan con el exterior. Mishima exige que se reúna la tropa para que él pueda hablarle desde el balcón. Si se niegan, el general será ejecutado. Se considera más prudente acceder. Pero durante un conato de resistencia, llegado demasiado tarde, Mishima y Morita, que custodian la puerta todavía entreabierta, hieren a siete subalternos. Procedimientos terroristas, aún más detestables para nosotros porque los hemos visto emplear demasiado, casi por todas partes, durante los diez años que nos separan de este incidente. Pero Mishima quiere llevar hasta el final su última oportunidad.

Las tropas de abajo se reúnen: unos ochocientos hombres nada satisfechos de que los hayan sacado de su trabajo rutinario o de su ocio para esta pejiguera inesperada. El general espera pacientemente. Mishima abre la puerta-ventana, sale al balcón y salta, como buen atleta, sobre la balaustrada: "Vemos al Japón emborrachándose de prosperidad y hundiéndose en un vacío del espíritu... Vamos a devolverle su imagen y a morir haciéndolo... El ejército protege el mismo trata-do[3] que le niega el derecho a existir... El 21 de octubre de 1969, el ejército debió hacerse cargo del poder y exigir la revisión de la Constitución... Nuestros valores fundamentales como japoneses están amenazados... El Emperador ya no ocupa en el Japón el lugar que le corresponde...".

Las injurias, las palabras malsonantes, as-cienden hacia él. Las últimas fotografías lo muestran con el puño crispado y la boca abierta, con esa fealdad especial del hombre que grita o que aúlla, un juego fisionómico que denota ante todo un esfuerzo desesperado para hacerse oír, pero que recuerda penosamente las imágenes de los dictadores y de los demagogos, sean del lado que fuesen, que desde hace medio siglo han envenenado nuestra vida. Uno de los ruidos del mundo moderno se agrega en seguida a los abucheos: un helicóptero que han solicitado da vueltas por encima del patio, llenándolo todo con el estruendo de sus hélices.

De otro salto, Mishima vuelve al balcón, abre de nuevo la puerta-ventana, seguido por Morita,

_____

[3] Los acuerdos americano-japoneses, renovados un año antes.

que lleva una bandera desplegada con las mismas peticiones y protestas, se sienta en el suelo, a un metro del general, y ejecuta punto por punto, con un perfecto dominio, los mismos movimientos que le vimos hacer en el papel del teniente Takeyama. El atroz dolor, ¿fue el que él había previsto y en el que trató de instruirse cuando fingió la muerte? Había pedido a Morita que no lo dejase sufrir mucho tiempo. El muchacho abate su sable, pero las lágrimas le empañan los ojos y sus manos tiemblan. Sólo consigue infligir al agonizante dos o tres horribles cuchilladas en la nuca y en el hombro. "¡Dame!" Furu-Koga empuña diestramente el sable y, de un solo golpe, hace lo que había que hacer. Mientras tanto Morita se ha sentado en el suelo a su vez y toma la daga que estaba en la mano de Mishima. Pero le fallan las fuerzas y sólo se hace un profundo arañazo. El caso está previsto en el código samurai: el suicida demasiado joven o demasiado viejo, demasiado débil o demasiado fuera de sí para hacer bien el corte, debe ser decapitado. "¡Adelante!" Es lo que hace Furu-Koga.

El general se inclina todo lo que le permiten sus ligaduras y murmura la oración budista para los muertos: *"¡Namu Amida Butsu!"*. Este general del que no esperábamos nada se conduce muy correctamente ante el drama atroz e imprevisto del que es testigo. "No continuéis esa carnicería; es inútil." Los tres jóvenes responden a coro que han prometido no morir. "Llorad vuestra borrachera, pero conteneos cuando se abran las puertas." Reprobación un tanto seca, pero que era mejor, ante aquellos sollozos, que una orden brusca de no llorar. "Cubrid decentemente esos cuerpos." Los muchachos cubren la parte baja de los cuerpos con la guerrera del uniforme y reponen en su sitio, sin dejar de llorar, las dos cabezas cortadas. Y finalmente, una pregunta muy comprensible viniendo de un jefe: "¿Es que vais a dejar que me vean mis subordinados atado de esta manera?". Lo desatan; abren y desbloquean las puertas y los tres muestran las muñecas para las esposas que tienen preparadas los policías. Al mismo tiempo, los periodistas se precipitan en la habitación, en la que reina un olor a carnicería. Dejémoslos que cumplan con su deber.

Volvámonos ahora hacia el auditorio. "Estaba loco", dice el primer ministro, preguntado sobre el terreno. El padre ha oído las primeras noticias que hablan de la arenga a la tropa, escuchando la radio de las doce; su reacción es la típica de las familias: "¡Qué molestias me va a causar! ¡Habrá que presentar excusas a las autoridades!". La esposa, Yoko, ha oído a las doce y veinte la noticia de la muerte, en el taxi que la llevaba a una comida. Interrogada más tarde, responde que ella esperaba el suicidio, pero no antes de un año o dos. ("Yoko no tiene imaginación", dijo un día Mishima.) Las únicas palabras emotivas son las de la madre, cuando recibe a los visitantes que vienen a darle el pésame: "No lo compadezcan. Por primera vez en su vida ha hecho lo que deseaba hacer". Probablemente exageraba, pero el propio Mishima había escrito en julio de 1969: "Cuando reviso con el pensamiento mis últimos veinticinco años, su vacío me llena de asombro. Apenas puedo decir que he vivido". Incluso en el transcurso de la vida más brillante y más colmada, lo que realmente ha querido hacer, raras veces lo ha conseguido. Y desde las profundidades o desde las alturas del Vacío, lo que ha sido y lo que no ha sido parecen igualmente espejismos o sueños.

Tenemos una fotografía de la familia sentada en una fila de sillas, durante la ceremonia de conmemoración fúnebre, que, a pesar de la desaprobación casi general del *seppuku,* atrajo a varios miles de personas. (Al parecer, aquel acto violento molestó profundamente a las gentes instaladas en un mundo que les parecía sin problemas. Tomárselo en serio habría sido como renegar de su adaptación a la derrota y al progreso de la modernización, así como a la prosperidad que era consecuencia de ello. Era mejor ver sólo en aquel gesto una mezcla heroica y absurda de literatura, de teatro y de afán de notoriedad.) Azusa, el padre, Shizue, la madre, y Yoko, la mujer, sin duda tenían cada uno su opinión y sus interpretaciones. Se les ve de perfil, la madre inclinando un poco la cabeza, con las manos juntas y el aspecto huraño que le da el dolor; el padre enhiesto, manteniéndose firme, probablemente consciente de que lo fotografían; Yoko, bonita e impenetrable como siempre; y, más cerca de nosotros, en la misma fila, Kawabata, el viejo novelista que había recibido el premio Nobel el año anterior, maestro y amigo del difunto. El demacrado rostro del anciano es de una delicadeza extremada; la tristeza se lee en él como bajo un transparente. Un año después, Kawabata se suicidó, pero sin rito heroico (se limitó a abrir la llave del gas), y se le había oído decir durante el año que había recibido la visita de Mishima.

Y ahora, reservada para el final, la última imagen y la más traumatizante; tan impresionante que ha sido reproducida muy pocas veces. Dos cabezas sobre la alfombra, probablemente acrílica, del despacho del general, colocadas la una junto a la otra, casi tocándose, como dos bolos. Dos cabezas, dos bolas inertes, dos cerebros que ya no irriga la sangre, dos ordenadores detenidos en su tarea, que ya no seleccionan, que ya no descifran el perpetuo flujo de imágenes, de impresiones, de incitaciones y de respuestas que pasan cada día por millones a través de un ser, para formar todas juntas lo que se llama la vida del espíritu, e incluso la de los sentidos, y que motivan y dirigen los movimientos del resto del cuerpo. Dos cabezas cortadas, idas a otros mundos donde reina otra ley, que producen, cuando se las contempla, más estupor que espanto. En su presencia, los juicios de valor morales, políticos o estéticos son, momentáneamente al menos, reducidos al silencio. La noción que se impone es más desconcertante y más sencilla: entre las miríadas de cosas que existen y que han existido, esas dos cabezas han existido; existen. Lo que llena sus ojos sin mirada ya no es la bandera desplegada de las protestas políticas, ni ninguna otra imagen intelectual o carnal, ni siquiera el Vacío que Honda había contemplado y que de pronto sólo parece un concepto o un símbolo que continúa siendo, en resumidas cuentas, demasiado humano. Dos objetos, restos ya casi inorgánicos de estructuras destruidas y que luego, una vez pasados por el fuego, sólo serán residuos minerales y cenizas; ni siquiera temas de meditación, porque nos faltan datos para meditar sobre ellos. Dos restos de un naufragio, arrastrados por el Río de la Acción, que la inmensa ola ha dejado por un momento en seco, sobre la arena, para volver a llevárselos después.